11-07-10
Gésio Amaral

EXEMPLAR DO PROFESSOR
- VENDA PROIBIDA

Espero que esse livro
possa lhe proporcionar
ótimas reflexões
sobre a vida.
Boa leitura

# Esmeralda
Por que não dancei

DADOS INTERNACIONAIS DE CATALOGAÇÃO NA PUBLICAÇÃO (CIP)

O89p
    Ortiz, Esmeralda do Carmo
        Esmeralda: por que não dancei / Esmeralda do Carmo Ortiz ; coordenação do projeto Gilberto Dimenstein. – 5.ed. – São Paulo : SENAC, 2010.
        208 p.

    ISBN 978-85-7359-948-0

    1. Crack (Droga) 2. Drogas – Abuso 3. Marginalidade social 4. Menores de rua – Reabilitação 5. Toxicômanos – Reabilitação I. Dimenstein, Gilberto II. Título.

                                  CDD: 362.298

crb-8/4905

# Esmeralda
## Por que não dancei

ESMERALDA DO CARMO ORTIZ

COORDENAÇÃO DO PROJETO
GILBERTO DIMENSTEIN

5ª EDIÇÃO
1ª IMPRESSÃO

conforme a nova ortografia da língua portuguesa

ADMINISTRAÇÃO REGIONAL DO SENAC NO ESTADO DE SÃO PAULO
*Presidente do Conselho Regional:* Abram Szajman
*Diretor do Departamento Regional:* Luiz Francisco de Assis Salgado
*Superintendente de Operações:* Darcio Sayad Maia

EDITORA SENAC SÃO PAULO
*Conselho Editorial:* Luiz Francisco de Assis Salgado
Clairton Martins
Luiz Carlos Dourado
Darcio Sayad Maia
A. P. Quartim de Moraes

*Editor:* A. P. Quartim de Moraes (quartim@sp.senac.br)
*Coordenação de Prospecção Editorial:* Isabel M. M. Alexandre (ialexand@sp.senac.br)
*Coordenação de Produção Editorial:* Antonio Roberto Bertelli (abertell@sp.senac.br)

*Coordenação Editorial:* Miriam Goldfeder
*Edição de Texto:* Alda Beraldo
*Pesquisa e Reportagem:* Raquel Souza
*Assessoria de Pesquisa:* Cristina Mori
*Preparação de Texto:* Eliana Rocha
*Revisão de Texto:* Fátima de Carvalho M. de Souza
J. Monteiro
Luiza Elena Luchini
Silvana Vieira
*Capa:* Moema Cavalcanti
*Fotos:* Alex Szabzon
*Projeto Gráfico:* Sidney Itto

IMPRESSÃO E ACABAMENTO: Bartira Gráfica e Editora S/A

*Gerência Comercial:* Marcus Vinicius B. Alves (vinicius@sp.senac.br)
*Vendas:* José Carlos de Souza Jr. (jjr@sp.senac.br)
*Administração:* Rubens Gonçalves Folha (rfolha@sp.senac.br)

Apoio

Proibida a reprodução sem autorização expressa.
Todos os direitos desta edição reservados à
*Editora Senac São Paulo*
Rua Rui Barbosa, 377 – 1º andar – Bela Vista – CEP 01326-010
Caixa Postal 1120 – CEP 01032-970 – São Paulo – SP
Tel. (11) 2187-4450 – Fax (11) 2187-4486
E-mail: editora@sp.senac.br
Home page: http://www.editorasenacsp.com.br

© Esmeralda do Carmo Ortiz, 2000

# SUMÁRIO

**Nota do editor**  7
**Cronologia**  9
**Prefácio** Gilberto Dimenstein  13
1  O chuveiro  17
2  Vontade de matar  35
3  A primeira fuga  53
4  O crack  89
5  A morte da mãe  109
6  Travessia  123
7  Última chance  139
8  Recaída  151
9  Hora de mudar  161
10  Com teto  181
11  Por que não dancei  189

# NOTA DO EDITOR

São muitas, em nosso país (centenas de milhares? milhões?), as crianças que, como Esmeralda, encontram tudo adverso em seu mundo – e, por efeito dessa degradação, crescem degradadas e morrem jovens. O que é verdadeiramente raro, e quase milagroso, está no renascer a partir desse abaixo de zero que foi o de Esmeralda. Ela tinha tudo para "dançar", mas não dançou. Por quê?

A resposta encontra-se nas páginas adiante. Já na primeira frase Esmeralda diz: "Como é gostoso um chuveiro". Para logo avisar: "Roubei, fumei crack, fumei muito crack, trafiquei, fui presa, apanhei pra caramba". Salvou-se disso, aprendeu a gostar das coisas boas da vida, como de um banho de chuveiro a lhe conferir a nobreza de mulher igual às outras.

O SENAC de São Paulo tem por missão primordial propiciar meios e modos de transformação das pessoas – pelo aprimoramento profissional, especialmente. A saga de Esmeralda Ortiz, atípica nesse quadro de mudanças pela dimensão do problema, encontra na instituição o apoio entusiástico de quem acredita ser tudo possível quando o objetivo é ajudar pessoas ainda com força para ajudar a si próprias. E talvez todas tenham essa força, como Esmeralda teve.

# CRONOLOGIA

**1979**   Nascimento de Esmeralda, dia 4 de agosto. Até os oito anos, esmola pelas ruas com a mãe e irmãos.

**1987**   *8 anos.* Começa a sair de casa. Fica fora durante o dia e volta à noite para dormir.

**1988**   *8/9 anos.* Conhece e começa a frequentar o Circo-Escola, a fazer atividades de artes plásticas. Mas mantém o mesmo hábito: ir para a rua e voltar de madrugada para casa. É matriculada na escola, com a ajuda de vizinhos.

**1989**   *9/10 anos.* É apreendida e encaminhada pela primeira vez à Febem[1], por perambular pelas ruas. É levada de volta para casa, mas retorna às ruas. No mesmo ano, começa a cheirar cola de sapateiro, éter, benzina e a fumar maconha (o crack ainda não era difundido). Pedia comida e dinheiro para comprar drogas. Logo volta à Febem, onde fica alguns meses. Recebe visitas esporádicas da mãe.

**1990**   *10/11 anos.* Vai para uma espécie de "orfanato" da Febem, de onde foge. Fica pelas ruas, começa a dormir nos mocós e a roubar.

**1991**   *11/12 anos.* Os roubos se tornam mais constantes. É apreendida e reinternada. Pouco depois é liberada.

---

[1] A antiga Fundação Estadual do Bem-Estar do Menor (Febem) passou por mudanças estruturais e pedagógicas em 2006 e atualmente se chama Fundação Casa. (N.E.)

**1992** *12/13 anos.* Usa droga com frequência. É novamente apreendida e liberada. Conhece o Clube da Turma da Mooca, que frequenta durante o dia, com outras crianças em situação de rua. Lá, pratica esporte e participa de oficinas de culinária e artesanato. À noite, um ônibus conduz essas crianças ao abrigo Projeto Criança de Rua (PCR). Não ia todos os dias ao Clube, nem todas as noites ao abrigo.

**1993** *13/14 anos.* No começo deste ano, começa a fumar crack e a cheirar esmalte. Começa também a se vestir e agir como homem, para se proteger. É apreendida por infração média e encaminhada para a Febem. Fica internada, é liberada dois meses depois, por um educador de rua. Continua praticando pequenos furtos, para comprar droga, e começa a traficar. É novamente encaminhada para a Febem. Foge e fica alguns meses na rua.

**1994** *14/15 anos.* Comete outro ato infracional. Encaminhada para a Febem, está ficando muito magra, mostra desejo de fazer tratamento antidroga. Nos relatórios de Esmeralda, recomendam vigilância, pois ela costuma se evadir com facilidade. Neste ano, morre a mãe. Vai ao enterro, volta à Febem e logo foge.

**1995** *15/16 anos.* Novo ato infracional, nova apreensão, fica em semiliberdade, pode sair da internação para participar de cursos. O tipo de vida que leva, marcado pelo consumo da droga, deixa Esmeralda cada vez mais angustiada. Acentua-se o desejo de mudar de vida. Foge novamente. Comete outro ato infracional e é encaminhada à Febem como multirreincidente.

**1996** *16/17 anos.* Recebe visitas esporádicas da irmã, cursa a 6ª série (atual 7º ano) na Febem. Os relatórios registram que está se sobressaindo nas composições de pagode. Apega-se à professora Márcia e é adotada por ela. Um mês depois, foge da residência da professora. Conhece na rua educadores do Projeto Travessia. Comete outras infrações, é mais uma vez reinternada, novamente foge e volta à Febem.

**1997** Antes de completar *18 anos*. Recebe visitas da educadora Rose, que se interessa por integrar Esmeralda ao Projeto Travessia, onde receberá apoio socioeducativo. Neste mesmo ano, é entregue aos cuidados da educadora, encaminhada à Casa de Passagem, que a acolhe provisoriamente. Logo Esmeralda completa 18 anos, dorme na Casa e durante o dia participa de atividades oferecidas pelo Travessia e Projeto Quixote. Começa a ser atendida por um psicoterapeuta. É cada vez mais pressionada a deixar a Casa de Passagem, devido à idade. Como era livre para andar pelas ruas, encontra ex-amigos e traficantes, volta a usar o crack e a ficar na rua, indo e voltando para a casa-abrigo.

**1998** *19 anos*. Volta à Casa de Passagem e é internada pelos educadores em uma clínica de recuperação de drogados, por intermédio do Projeto Quixote. Sai da clínica e, devido à pressão da Casa, o Travessia encaminha Esmeralda para uma pensão, custeia o alojamento, oferece bolsa-alimentação e vale-transporte.

**1999** *20 anos*. Continua a participar das atividades do Travessia e do Quixote. Começa a procurar emprego e a participar da Associação Novolhar, que produz matérias veiculadas na TV PUC. Arruma emprego, muda de emprego, já consegue cobrir parte de seus gastos com o salário que recebe. Em setembro, muda novamente de emprego, em busca de melhor salário e mais oportunidades sociais. Aluga uma casa. Passa a trabalhar na Cidade-Escola Aprendiz, Projeto 100 Muros.

**2000** Esmeralda completa *21 anos*, em companhia de amigos, vizinhos e colegas de trabalho.

Observação do editor: Nem todas as internações de Esmeralda na Febem foram registradas na sua história ou nesta cronologia. Esmeralda foi internada mais de cinquenta vezes na Febem, onde permanecia, frequentemente, em condição de semiliberdade. Há registros de fugas recorrentes. Não aguentava o tratamento recebido, adorava a liberdade e precisava sair para consumir crack.

# PREFÁCIO

*Esmeralda: por que não dancei* é uma aventura protagonizada por uma sobrevivente da "geração crack" que se disseminou, em São Paulo, no início dos anos 1990.

Atraída pelo encanto do chafariz da Praça da Sé, Esmeralda Ortiz começou a perambular sozinha pelas ruas aos oito anos de idade. Agarrada pelo crack, ela traficou, roubou e por pouco não matou. Por menos ainda quase não se matou, consumida pela droga.

Ao decidir escrever este livro, Esmeralda não sabia o que gostaria de dizer. Queria se expor. Descobriu apenas no final dos nove meses da investigação diária que conduziu sobre seu passado, caçando documentos sobre suas internações, entrevistando pessoas com as quais conviveu, terapeutas, advogados, educadores de rua, amigos, traficantes, viciados, assistentes sociais, mendigos, buscando a lógica daquela tenebrosa aventura urbana.

O fio condutor era uma pergunta: "Por que não dancei?". Transformada em repórter de si mesma, Esmeralda foi, aos poucos, a cada entrevista, a cada prontuário, montando o quebra-cabeça que explicava sua sobrevivência.

Logo constatou que as pessoas que conheceu na rua estavam presas, mortas, inválidas ou loucas. Sentiu-se, de início, salva por Deus, tamanha a impossibilidade de ter não apenas sobrevivido e superado o crack, mas voltado a estudar, trabalhar e até sonhar com uma faculdade.

Convidado por Esmeralda a ajudá-la na investigação, mergulhei nessa viagem, um misto de terapia e reportagem, na qual o encanto pelas ruas, traduzido com poesia no ensaio fotográfico de Alex Szabzon, se confunde com a tragédia da violência urbana. Convivem dor e esperança, ignorância e sabedoria.

Com 44 anos, jornalista, escritor, paciente de terapias conservadoras e alternativas, dois casamentos, carregando troféus profissionais e as culpas de não ter sido o que gostaria como pai, amigo ou filho, vi-me, ali, recebendo aulas de integridade e sabedoria de uma menina forçada a virar traficante para manter o vício. Alguém que, horrorizada com a estupidez dos homens, foi levada a encontrar refúgio entre as mulheres. Alguém que, impotente diante da dor, pensou em matar a própria mãe. "Para me perdoar, fui obrigada a perdoar meu passado", disse. Alguém que, para escapar de si mesma, escrevia poesias, porque, sem saber, tinha nas veias o prazer da comunicação, de compartilhar o que sentia e aprendia.

É, de longe, a reportagem mais emocionante e profunda que já acompanhei. Ensinou-me mais do que os labirintos das ruas, o submundo devastador da marginalidade e das drogas.

É uma reportagem psicológica, capaz de tocar qualquer indivíduo, rico ou pobre, cercado pela eterna insegurança da mortalidade. Um ser humano, vivendo todas as fragilidades possíveis, chega ao fundo, sem sinal de saída, mas consegue subir e, lentamente, ir reconstruindo sua vida, buscando força onde só parecem existir fraquezas.

Ainda é muito cedo para falar em final feliz. Ela só tem 21 anos e carrega as marcas da inviabilidade. Sabe que deve viver um dia por vez, sempre à espreita de uma armadilha.

Esmeralda é daqueles seres raros, com ensinamentos profundos que, moldados pela combinação de dor, intuição e inteligência, mostram como lidar com a adversidade.

Confesso que, no começo, duvidei de seus relatos. Suspeitei de exageros, fantasias e delírios. Nem poderia ser diferente. Viver na rua, sendo mulher, negra e viciada, transforma o cotidiano em uma obra de ficção. Fizemos, então, o que uma reportagem deve fazer: vasculhar documentos e entrevistar testemunhas. Assessorada diariamente pela repórter Raquel de Souza e pela professora de português Alda Beraldo, Esmeralda foi convidada a buscar a chave do mistério, a se ver através de seu passado e também pelos olhos das testemunhas que a conheceram nas ruas, instituições ou clínicas terapêuticas.

Esmeralda teve de navegar pela confusão de datas, personagens e fatos até onde sua memória permitiu-se abrir, e os documentos e testemunhas puderam ajudar. Não faz sentido esperar que alguém que viveu nas fronteiras da morte, mergulhando periodicamente no desespero e alucinações, pudesse olhar friamente o passado, discernindo com nitidez onde estava a loucura e o real. Meses foram dedicados apenas à garimpagem e acerto de detalhes.

O livro trafega por três linhas de relato: o primeiro, e mais importante, de Esmeralda, colocando e concatenando os fragmentos de sua memória. O segundo, os documentos produzidos sobre ela, que espelham a visão oficial, quase sempre burocrática e fragmentada, incapaz de compreender um ser humano integralmente. E, enfim, os testemunhos de quem a conheceu, compondo múltiplos olhares, de seu terapeuta aos amigos de rua.

Nem sempre foi possível encontrar as datas exatas, mesmo cruzando aquelas três linhas de narrativa. Muita gente que poderia fornecer mais detalhes está morta, desaparecida ou mentalmente fragilizada. O que, por si só, já é uma informação precisa sobre o que significa viver na rua na era do crack.

O essencial, porém, está aí. É uma emocionante história de alguém que, com esse relato, cria um marco na investigação sobre como vivem brasileiros na ponta da marginalidade, conta o mergulho de uma cidade na droga e, acima de tudo, revela a difícil arte de reconstruir seres humanos.

No primeiro parágrafo do livro, Esmeralda descreve singelamente o prazer das coisas simples como um chuveiro de água quente. E, no fim do relato, ensina por que, hoje, é alguém feliz. Felicidade é, para ela, sentir-se crescendo todos os dias. O leitor vai viajar, agora, não apenas por um livro. Mas por uma lição universal de vida sobre o que nos faz "dançar", quando perdemos a noção de que viver é mais do que ter, mas, em especial, ser.

*Gilberto Dimenstein*
setembro de 2000

# 1 O CHUVEIRO

Como é gostoso um chuveiro. O chuveiro vai limpando a gente por dentro e por fora. Nunca tive um chuveiro. Nunca tive uma cama e uma casa de verdade. Agora, sim, tenho o meu chuveiro, tenho a minha cama, tenho a minha casa.

O prazer do chuveiro vem à minha cabeça hoje, 14 de março, uma terça-feira, ano 2000. São dez horas. Faz muito sol. Os meninos estão se divertindo no chafariz da Praça da Sé. Dos oito aos 15 anos, eu também pulava nessas águas, e o chafariz era a minha felicidade. Mas o tempo passou. Hoje estou com 21 anos e não tomo mais banho na praça. Isso é coisa do passado. Agora, felicidade mesmo é estar na minha casa e ter uma cama pra dormir.

Chegar em casa, não precisar mais de ninguém pra ficar abrindo e trancando a porta pra mim. Como isso é bom. É uma felicidade poder tomar um banho. Banho de chuveiro antigamente era só de vez em quando, e gelado. Hoje tomo banho na minha casa e almoço e janto na mesa.

Nesse tempo, dos banhos gelados da Sé aos banhos do meu chuveiro quente, quase dancei, quase morri. Fui até o fundo. Roubei, fumei crack, fumei muito crack, trafiquei, fui presa, apanhei pra caramba. Diziam que eu não tinha jeito, estava perdida. Eu mesma achava que não tinha jeito. Quase todos os meus amigos daquela época do chafariz estão mortos, presos, loucos ou doentes. Gente que andava comigo, fumava comigo ou roubava comigo. Por que não morri? Por que não pirei?

Não sabia por que eu queria escrever um livro sobre minha vida. Só no final descobri. Era pra rever meu passado, conversar com as pessoas que me conheceram e conversar comigo mesma, pra entender por que não dancei, por que sobrevivi, por que voltei a estudar, consegui emprego e até pude sonhar em fazer faculdade.

Só pude entender quando voltei ao comecinho, muito do começo, até onde consigo me lembrar. Fui refazendo minha história, juntando os pedacinhos, pra ver se encontrava a resposta. Pra encontrar meu passado, descobri que tinha também que perdoar, perdoar o que fiz e perdoar o que fizeram comigo. Tive que parar de odiar minha mãe e perdoar.

## Praça Paraíso

Quando eu era criança, vivia na casa da minha mãe, no barraco. Mas a gente saía muito pra pedir esmola. Eu tinha uma paixão enorme pela rua, desde pequena. Achava legal quando passava pela Praça da Sé e via os meninos brincando no chafariz. Eu criava uma fantasia. Achava que eles eram felizes, ainda mais naquele movimento, aquele centro da cidade todo agitado, um monte de gente pra cima e pra baixo, tudo rodeado de lojas de doces. Aquilo pra mim parecia um mundo encantado. E o chafariz me atraía. Era criança nadando, espirrando água, cheirando cola, bebendo.

Era tudo muito livre, não tinha ninguém no pé delas, e aquele monte de lojas me chamava muito a atenção. Minha cabeça viajava, achava que ali era uma ilha deserta, que, se eu fosse pra lá, ia me livrar de tudo. Eu imaginava fugir de casa. Minha cabecinha pensava assim: "Vou fugir de casa, pegar a minha mochila, botar as minhas roupas e vou fugir". Eu me via descendo do ônibus numa ilha, num lugar cheio de mato, cheio de macacos, coelhos, os bichinhos me esperando, como na história da Alice no País das Maravilhas. Eu pensava que era assim. Achava que à noite ia ser legal, e de dia ia ser aquela maravilha, ainda mais porque sempre que eu ia pra Sé estava calor, tinha aquele arco-íris em cima da água, os meninos pulando, nadando, comendo à vontade. Um paraíso. Aquilo

Praça da Sé

ficava projetado na minha cabeça, não saía de jeito nenhum. Eu achava superlegal. A Praça da Sé significava o meu encantamento com as ruas.

Não me lembro quando fui pela primeira vez na Praça da Sé, mas me lembro que eu ia com a minha mãe. Uma vez, eu e meu irmão ficamos insistindo, insistindo com ela pra gente ir. Tinha uns meninos lá no chafariz e a gente também queria nadar. Era um dia de bastante calor.

Eu pedi muito pra minha mãe, até que consegui. Ela falou pra eu ir nadar, mas na beirada, segurando, porque ela não sabia nadar, e eu também não. O chafariz era bem rasinho, a água dava nas canelas, mas eu tinha medo da água. Então tirei a roupa, meu irmão também, e fomos nadar no chafariz. Foi uma sensação legal, mas não sei direito o que aconteceu. Eu caí, acho que me assustei e comecei a me afogar. Engoli bastante água. Minha mãe enfiou a mão lá embaixo e me puxou pra cima. Eu devia ter uns seis anos. Aquele dia foi tudo que eu precisava para terminar de completar as minhas fantasias e já ir construindo um projeto de vida longe de casa. Talvez a Sé significasse pra mim uma vida melhor. Parecia que ali era só alegria, não existia dor, não existia nada.

Eu tinha muito medo da minha casa, tinha medo de ficar sozinha lá, por isso às vezes eu saía de casa. Minha mãe sempre contava casos de terror quando nós dormíamos. Contava o caso de uma mulher loira que um dia estava no meio da estrada. Parou um caminhoneiro e ficaram de conversinha. Ele deu carona pra mulher, foi conversando com ela, e de repente ela sumiu do caminhão... E foi aparecer no outro dia, na porta da casa dele. Depois ele foi até a casa da mulher e a família falou que ela já tinha morrido. O homem foi no cemitério e o túmulo dela estava lá. E tinha ainda histórias de lobisomem... Eu achava que a minha casa era amaldiçoada, ou a minha família era, alguma coisa desse tipo eu sentia. Por isso eu não ficava nem um minuto sozinha. Saía todo mundo, eu saía atrás. Minha mãe ia pro bar, eu ia andar, brincar com as minhas coleguinhas.

Eu adorava brincar no lixão perto da minha casa. Ele ficava num terreno baldio onde as pessoas jogavam todos os lixos, por preguiça de colocar onde passava o caminhão. No lixão era tão gostoso. Eu gostava de ficar no meio do lixo dos outros. Quando eu pulava o muro do lixão, eu e a minha bonequinha, caía em cima de um monte de sacos de lixo e ali eu gostava de inventar brincadeiras. Eu recolhia um monte de lixos recicláveis, pegava potinho de margarina, de iogurte, e ficava brincando de casinha, ou então ficava fazendo roupa e até mesmo os cabelos pra bonequinha. Às vezes eu achava uma boneca sem cabeça e também brincava. Eu gostava, ali era o meu esconderijo secreto, um lugar onde eu podia me isolar de todos.

Às vezes eu brincava com as minhas amiguinhas de nadar no córrego e escorregar no barro. Eu também ia num centro de umbanda com a minha mãe. Lá eles davam brinquedos e mantimentos. Eu também gostava de brincar de bolinha de gude e adorava brincar de taco. Essas eram as coisas que eu mais gostava de fazer.

Eu sempre fui sapeca e aprontava demais. Batia nas minhas coleguinhas, xingava as pessoas e não gostava de ajudar minha irmã a limpar a casa e nem de pentear os cabelos. Era uma negação pra andar de sapato, isso eu odiava. Eu gostava mesmo era de bagunça e de ficar numa roda de samba, na viela da minha casa. Todos os sábados eu ficava lá vendo o pessoal fazendo samba. Aquilo era uma das minhas maiores diversões. Acho que é por isso que até hoje eu gosto de samba.

Às vezes eu ia com a minha irmã para um parque de diversões perto de casa, na Vila Nova Cachoeirinha, um bairro da Zona Norte de São Paulo. Eu adorava brincar no brinquedo "tangue", uma roda alta com correntes penduradas e banquinhos presos nas correntes. Um homem ligava o motor e o "tangue" começava a girar com força. Eu adorava.

## Mãe e dor

Em casa, minha mãe me batia. Batia muito. Quando estava bêbada e quando estava sóbria. O álcool fazia ela ter problema de nervos. Eu me lembro que quando estava sã ela ficava tremendo. Era muito louco. Ela esperava eu dormir e batia em nós com um pedaço de pau, tacava objetos. Às vezes ela me cutucava com bituca de cigarro, e, como lá não tinha fogão a gás e a gente cozinhava no fogão a lenha, tinha bastante pau em casa. Então minha mãe esperava a gente dormir e dava paulada.

Quando batia em nós, ela se transformava, gritava que queria ver sangue, parecia uma louca. Enquanto não via sangue de novo, ela não parava. Batia em mim, na minha irmã também. É claro que ela esperava a gente dormir pra bater, porque de dia a gente saía correndo e ela, bêbada, não conseguia correr atrás de nós. Quando ela bebia, ficava mais agressiva, mas, quando estava sã, também metia a mão.

Minha mãe tinha outros jeitos também de bater: quando estava sã, ela pegava varetinhas do mato, tirava todas as folhas e mandava ver. Na verdade, eu nem me lembro o que a gente fazia pra ela começar a bater. Eu sei que, quando eu era pequena, era muito peralta, aprontava mesmo. E minha mãe tacava tudo que via na frente.

Eu me sentia presa num mundo desconhecido onde toda a minha família sofria, inclusive eu. Isso me dava uma raiva muito grande e muitas vezes eu tinha vontade de tomar veneno, de me matar.

Eu até acho que minha mãe tinha problemas mentais. O padrasto dela tinha morrido há tempos, e minha mãe falava que via a alma dele lá em casa, ficava conversando com a alma dele. A gente olhava e cadê ele? Ele não estava, é claro. Era ela que estava ficando despirocada.

Ela nunca fez tratamento mental, mas, quando estava bêbada, não sei como, várias vezes ela ia pro pronto-socorro. Era chegar lá e bater no médico, rasgar a receita, mandar o médico tomar naquele lugar. Ele aplicava um "sossega-leão" nela, uma injeção de glicose, ela melhorava e dormia.

Não são boas lembranças, mas eu gostava dela. Eu era pequena e não estava nem aí, eu estava acostumada. Lá era tudo assim, minha mãe, minha avó, meu tio, minha tia, meus primos. Eram todos assim.

De vez em quando ela me tratava melhor, falava que me amava. Ela gostava de mim. Se me maltratava muito, era por causa do álcool. O álcool tirava o afeto dela por mim, então vinham os maus-tratos, e ela dizia que não gostava de mim, que queria ter me abortado antes de eu nascer. O álcool tirava o afeto dela, e eu, devido a essas circunstâncias, perdi o afeto por ela também. Mas, como ela era mãe, acho que tinha mais afeto do que eu. Meu amor por ela foi acabando. Se ela falava que gostava de mim, acho que eu ignorava. Na verdade, não me lembro.

## Avó e refúgio

Eu me lembro mais ou menos da minha avó: era magra, banguela, devia ter um metro e meio de altura. Não tenho certeza, mas acho que ela morreu em 1989 ou 1990. Lembro que minha avó protegia a gente. Se minha mãe esperava a gente dormir pra bater, às duas, três, cinco horas da manhã, a gente ia pra casa da minha avó dormir. Não dava pra dormir em casa. Eu me lembro, minha irmã também conta essa história, e também o meu irmão, que nossa mãe jogava óleo e água quente na gente. Às vezes, era porque eu aprontava, outras, porque mexiam com ela na rua e ela descontava batendo em nós. Porque "não podia bater nos outros", ela falava, era por isso que a gente estava apanhando.

Então a casa da nossa avó era um refúgio. A gente ia pra casa dela dormir. A casa não ficava perto, era só matagal. No outro dia, minha mãe ia lá com um pedaço de pau pra bater em nós porque a gente não tinha dormido em casa. Minha avó pegava outro pedaço de pau e batia na minha mãe. Por isso, por mais que minha avó também bebesse, é dela que tenho uma imagem melhor. Ali bebia todo mundo: bebia minha avó, meu avô, meus tios, mas minha avó tratou a gente com carinho.

## Meu nome

Meu nome é Esmeralda. Ganhei esse nome porque minha avó se chamava Esmeralda do Carmo Ortiz. Acho que ela gostava muito desse nome e quis que eu tivesse o nome dela. Minha avó sempre pedia pra minha mãe colocar o nome de Esmeralda numa filha dela, mas minha mãe não colocava. Então, quando eu nasci, minha avó falou que, se minha mãe não colocasse em mim o nome de Esmeralda, me desconsiderava como neta. Minha mãe então colocou o nome, o sobrenome, tudo.

Eu não gostava do meu nome, mas agora gosto. Até penso em ter um filho e, se for menina, colocar o nome de Esmeralda também. Acho esse nome legal, diferente. É bonito. Eu sei que é o nome de uma pedra preciosa.

Eu nasci no dia 4 de agosto de 1979. Sou de leão. Nasci em casa, na Vila Penteado, um bairro da Zona Norte de São Paulo. Nasci foi mesmo dentro de casa, não teve nada de hospital. Minha avó era parteira e contou que "tirava" os netos dela, como fez comigo, e sem anestesia. Acho que foi por isso que minha mãe até fez cocô. Não sei se é verdade, foi minha tia ou minha avó que contou. Tirando isso, meu parto deve ter sido numa boa, sem problemas. Essa minha tia se chama Iracema, Iracema não sei do quê, e ela continua morando no terreno da minha avó. Tenho outra tia, a Rita, que também morava no mesmo terreno. Ali moravam também meus tios, que bebiam muito. Bebiam todos: minha mãe, meus tios e minhas tias.

A casa onde eu nasci era um barraco. Um barraco grande. Ele ainda existe, mas não do mesmo jeito, porque minha avó, que continuou morando lá, cada dia cismava de desmontar o barraco e montar de novo. Tinha dia que dava nela essas loucuras. Do que eu me lembro, o barraco devia ter uns 15 passos pra cá, oito pra lá, 15 por oito. Tinha uma cama, e acho que nem televisão tinha. Era um lugar muito sujo, tinha até rato. Não era um lugar adequado pra uma criança nascer, eu acho, mas vai fazer o quê?

Eu só acredito que nasci no barraco da minha avó porque ela falou. Ela era parteira, e nela eu acredito. Minha mãe contou que morava lá no barraco, mas fica difícil lembrar, porque faz tempo que ela falou isso pra mim.

## Meus irmãos

Minha mãe se chamava Maria Aparecida do Carmo Ortiz. Ela teve eu e mais seis filhos, no total sete: nasceram quatro meninas e três meninos. Dos sete irmãos que a gente era, sobrou a Giselda, sobrou eu e meu irmão Claudinei, que está preso. O nome dele é Claudinei, mas ele costuma usar vários nomes. Minha irmã ainda mora na Vila Penteado, na casa que era da minha mãe.

Minha irmã Giselda é de lua. Faz pouco tempo, eu até tentei falar com ela, queria saber das coisas da minha infância, mas não fico forçando muito a barra. Os outros irmãos morreram pequenos, de doença. O Robson morreu com três meses, de pneumonia. Tinha também a Gegiane e o Gilberto, eles eram gêmeos. Eu me achava importante por ter irmãos gêmeos. Mas eles morreram quando eram bebês, bem pequenininhos. Foram três os que morreram, fora a minha irmã Salete, que também morreu porque estupraram ela.

## Família

Do meu pai eu não tenho lembranças de quando eu era pequena, porque só vi ele quando eu tinha 14 anos. Minha prima Elisabeth, filha da tia Iracema, me contou que ele morreu. Essa prima ainda mora na Vila Penteado, atrás de um circo.

Só sei que hoje família para mim sou eu e Deus. Porque não sei o que é amor de família, só o amor-próprio. Se eu não me amasse, ainda estaria naquela vida. Não é egoísmo da minha parte pensar em mim, mas acontece que minha família nunca passou pra mim afeto, segurança e amor. Em todo aquele tempo que passei na rua, fui perdendo o pouco desses sentimentos que eu tinha.

Hoje não tenho contato com a minha família. Eles não me procuram e eu não procuro eles. Só com o meu irmão, e às vezes. Minha família só vai existir quando eu fizer a minha. Família são as pessoas com quem eu trabalho, com quem eu estudo. Eu não sei o que é uma família, só vou saber quando construir a minha. Com as pessoas de hoje eu possuo um vínculo. Acho que família serve tanto pra construir como pra afundar uma pessoa. A minha só me afundou. A única pessoa por quem eu tinha algum sentimento era minha avó, ela me dava carinho e atenção.

## Meu barraco

Eu sempre morei com minha mãe. Ela me contou que morou em Osasco e que eu morei lá também, mas não lembro. Lembro é de quando a gente morava na rua. Minha mãe e minhas tias me contaram uma história: depois que eu nasci, deu um problema com eles, lá no terreno, e minha avó colocou eu, meus dois irmãos e minha mãe pra fora. E nós fomos morar na rua. Depois minha mãe conseguiu um terreno da prefeitura na Vila Penteado. Aquela parte da vila era um matagal, e ali minha mãe montou um barraquinho.

Minha mãe morou naquele lugar até morrer. Eu não sei direito com que idade minha mãe morreu, acho que tinha 45 anos, e parece que ela nasceu em São Paulo.

Fico lembrando da minha mãe, do barraco. Um quarto tinha uma cama de casal, onde todos dormiam, uma mesa vermelha velha e quadrada, um guarda-roupa velho caindo aos pedaços. Eram dois quartos, mas todos dormiam num só. Eu gostava de dormir com minha mãe porque tinha medo de assombração, e meus irmãos também. Então todos dormiam amontoados.

No outro quarto não dormia ninguém, mas de vez em quando minha irmã dormia lá, e eu dormia com ela. Esse quarto tinha uma cama improvisada. Nós pegávamos quatro blocos para serem os pés da cama e em cima deles colocávamos madeirite e um colchão.

Como minha mãe bebia, ela fazia xixi na cama. E eu também, na época eu era bem pequena. Acho que meu irmão fazia também. Então era a maior imundície aquele quarto. Tinha um armário, até que ele era bonitinho, era azul, era um armário de cozinha. Na cozinha tinha umas panelas que eram pretas por causa do fogão a lenha, um fogão improvisado e típico da família, pois quase todos usavam esses fogões porque não tinham condições de comprar um a gás.

Esse fogão era feito de uma lata grande de óleo. Mas o chique era pegar um fogão velho na rua, tirar a tampa de cima e os queimadores e deixar só a carcaça. Depois a gente abria o forno, deixava a tampa aberta, colocava as lenhas e botava fogo. O ruim era que depois a casa ficava preta e fedendo a fumaça. Às vezes nem dava vontade de ficar em casa por causa da fumaça, mas que a comida saía boa, saía. Tinha também um armário que a gente usava para guardar louças e um sofá velho para colocar as madeiras para o fogão.

No quarto onde ninguém dormia tinha um peniquinho. Era um baldinho parecido com esse em que vem silicone, porque em casa não tinha banheiro e nem chuveiro. O banho era tomado com canequinha ou no tanque. Quem quisesse chuveiro tinha que ir na casa da vizinha.

Eu não tinha muito tempo de brincar ali, porque a gente ficava o dia inteiro pedindo esmola na rua. Todos os dias a gente saía de manhã e ia pedir esmola no centro da cidade.

## Esmola

Nosso caminho era ir até a Praça Marechal Deodoro, no comecinho da Avenida Angélica. Então a gente subia a Angélica toda, andando e pedindo esmola. Não sei se eu era tão pequena, mas sei que minha mãe me levava no colo. Eu me lembro que, subindo pela Avenida Angélica, numa rua que vai pra Rua da Consolação, tem um cemitério. A gente chegava na Avenida Paulista e ia por ela toda. E da Paulista a gente descia a Consolação, ia pra Praça da República e pegava a Avenida São João.

Nós andávamos batendo de porta em porta, pedindo esmola de bar em bar e para as pessoas nas ruas. Por isso nós fazíamos todo esse percurso. Quando minha mãe cansava, ela parava, colocava um lenço na cabeça pras pessoas ficarem com dó e continuava pedindo esmolas.

Nós pegamos muitos ônibus na vida. Tinha o Santana, o Paissandu, que mudou pra Correio, tinha o República, Praça da Sé, Anhangabaú...

Eu ficava sempre com a minha mãe. Acho que ela tinha medo que eu pedisse esmola nos carros e também que alguém me pegasse, porque mataram minha irmã um dia. Ela foi sozinha numa padaria, três caras pegaram ela e estupraram. Minha irmã ficou em coma, porque enfiaram vassoura, um monte de coisas dentro dela. Isso foi minha mãe que me contou. A Salete estava com 11 anos quando morreu, e eu só tinha um ano. Ela era a mais velha de todos.

Eu fico me lembrando da história que minha mãe contava: minha irmã foi comprar sonho numa padaria longe de casa, porque por ali onde eu morava não tinha nada, não tinha a avenida de cima, aquele bairro

Praça da República

todinho era só mato. Tinha só uma padaria na frente do circo. Minha irmã saiu, minha mãe ficou esperando, mas ela não voltou mais. Uns caras levaram ela pro mato. Eu era muito novinha, não dá pra lembrar. Minha mãe falava que gostava muito dela e não queria que ela morresse.

## Mais bebida e pancada

Minha mãe já bebia pinga antes, mas passou a beber mais depois que essa minha irmã morreu. Era tanta coisa na vida dela, cada filho de um homem, cada filho com um pai diferente. E ninguém conhecia o pai. Minha mãe teve que criar sozinha os sete. Acho que ela não aguentou o tranco, ainda mais depois que minha irmã morreu.

Quando minha mãe pedia esmola, até que ela não bebia, mas chegava em casa e o dinheiro ia todo. O que ela não bebia de dia, ela bebia de noite. Ficava lá na porta do bar, bebendo. Como eu não desgrudava dela, eu ficava junto. Ela bebendo, e eu lá no bar.

Lembro muito bem que, além de pedir esmola nos bares, a gente catava papelão também. Nas casas a gente ia pedir alimento pra levar pra casa. Tinha pessoas que tratavam a gente com raiva, tinha pessoas que tratavam com dó. Tinha pessoas que esnobavam, tinha pessoas que davam, tinha pessoas que conversavam. Eu tive que ir pra rua com minha mãe até os oito anos de idade mais ou menos. Mas com essa idade eu estava parando de pedir esmola porque já não estava ficando em casa. Eu fugia e voltava.

Nós não chegamos a passar frio de noite, nas ruas, porque a gente ficava só até as sete, oito horas da noite. Nesse tempo, quando eu era pequena, eu me lembro que minha mãe não tinha namorado, eu não desgrudava dela nem ferrando. Ela podia estar bêbada, caindo, mas eu estava com ela.

Minha mãe me mandava pedir esmola. Dizia pra eu falar "Me dá uma esmola pra eu comprar pão e leite pra mim e pros meus irmãozinhos". Às vezes eu demorava num bar, porque tinha gente que ficava caçando assunto. O pessoal ficava conversando comigo, perguntando por que eu pedia esmola. Então, quando eu demorava muito, minha mãe falava um monte, me dava uns cutucões. Ainda mais quando eu não vinha com dinheiro. Em geral, as pessoas davam, algumas batiam em mim, outras me mandavam passear. Às vezes eu pedia pra alguém pagar um pão com manteiga, alguns davam pão com manteiga pra eu sair de lá. Os garçons me espirravam muito dos bares.

Na região onde eu mais ficava tinha muitos restaurantes. Alguns garçons falavam pra eu não ficar pedindo, outros me empurravam, dizendo: "Sai, sai, sai, não pode ficar pedindo aqui". Tinha uns que falavam que iam chamar a polícia se eu continuasse pedindo. Isso era muito chato, mexia muito comigo. Eu achava que as pessoas só me tratavam assim porque eu era negra, porque muitas das pessoas falavam que eu, além de ser negra, era trombadinha, sendo que naquele tempo eu nem tinha noção do que era roubar. Isso mexia mesmo comigo.

Minha mãe me mandava pedir um pingado e eu ia. Ou senão eu levava uma colher e uma panela e pedia pro homem do restaurante dar um pouco de comida pra gente comer. Num restaurante perto da Avenida Paulista, um garçom falava pra eu voltar às duas horas, porque era hora que não tinha ninguém. Eu voltava, pedia e ele me dava. Era perto de um semáforo. Acho que era uma churrascaria: a gente sai da Avenida Angélica, passa a Consolação e chega nessa churrascaria. Ali o dono sempre dava bastante carne que sobrava, todos os tipos de carne que tinha ele dava. Ele me tratava bem. É, o dono de lá dava comida pra mim. Além de pedir esmola nos bares e restaurantes, eu ia nas casas também.

## Vergonha

Quando eu estava maiorzinha, comecei a ter vergonha de pedir esmola. E minha irmã, a que ainda está viva, chorava, porque ela estava ficando mocinha e os outros queriam passar a mão nela. Ela não queria pedir esmola. Uma vez dei escândalo no ônibus porque não queria pedir esmola. Eu pedindo pro motorista abrir a porta, minha mãe falando, eu gritando bem alto que não queria pedir pra depois minha mãe ficar bebendo pinga. Eu chorava e minha mãe me bateu. Eu não estava a fim de esmola. As minhas amiguinhas iam pra escola e eu tinha de sair com a minha mãe. Isso porque eu era a caçula, os meus irmãos iam crescendo, ninguém mais tinha dó, ninguém mais dava esmola pra eles. Parece que quanto mais menorzinho é, mais fácil de ganhar.

Minha mãe pegava o dinheiro e não gastava em comida. Então lá ia eu, às terças e quintas, pedir nas casas da Avenida Pompeia. Eu chegava em casa com um monte de sacolas. Além de comida, ganhava roupa, boneca, brinquedo.

Em casa a gente esquentava a comida, toda hora a gente esquentava comida, e o telhado ficava cada vez mais preto por causa da fumaça. Os brinquedos que eu ganhava geralmente eu perdia ou dava. Eu gostava de brincar de capucheta, aquele papagaio sem varetas, de brincar de taco, nadar no córrego, catar passarinho. A criançada brincava de escorregar no barro. Eu gostava de empinar papagaio, na verdade a gente dobrava o papel e fazia as capuchetas, que nem sempre subiam. Às vezes eu brincava de casinha com as minhas colegas. Quando não estava na rua pedindo esmola, eu gostava ainda mais de nadar no córrego, quando chovia. Porque eu bebia daquela água com cheiro da terra molhada. E eu também esperava secar a água nas poças, ficava um monte de terra e eu comia gostoso.

## 2 VONTADE DE MATAR

Eu já estava começando a sair de casa. Era gostoso catar papelão, escorregar na lama, andar de ônibus. Eu não tinha horário pra chegar em casa. Saía e voltava na hora que eu queria. Por isso a Praça da Sé que eu via de vez em quando começou a representar a liberdade, e a minha casa era a imagem da minha mãe, uma bêbada. Então eu queria ter outra mãe, eu imaginava a mãe das minhas amigas sendo a minha mãe.

Na hora do almoço as meninas tinham comida, tinham horário pra tomar banho. O relacionamento delas com as mães era diferente do meu com a minha mãe. Não só porque às vezes a gente tinha que acordar de madrugada pra ela parar de bater na gente, mas porque as mães delas davam carinho. Tinha mãe que mimava, daquelas que a filha pede uma boneca e a mãe dá.

Eu ficava pensando nisso e pensava várias vezes que eu queria que minha mãe morresse. Pensei até em matar a minha própria mãe. Eu poderia colocar veneno na comida dela, ou então esperar que ela dormisse e matar ela de tanto bater, atirar uma pedra na cabeça dela. Eu venderia o barraco e ficaria rica. Mas eu não tinha coragem. Nesse tempo eu acho que tinha uns cinco anos de idade. Eu era pequenininha. Matar a mãe deve ser o maior pecado, mas eu cheguei a imaginar isso várias vezes. Depois um lado meu me falava: "Ela é sua mãe". Eu mataria minha mãe quando ela estivesse bêbada, porque bêbada ela nem andava, ela andava segurando nas paredes. Eu chegaria por trás e tacaria a pedra na cabeça dela. Eu mataria ela, então a mãe da minha amiga ia ser a minha mãe. Aí eu viveria feliz para sempre.

    A mãe que eu imaginava pra mim era a mãe da minha colega Iara, que hoje está cheia de filhos. Não é mais minha amiga como antes. A gente brincava direto, ela me batia, eu batia nela.

    A mãe da Iara era a dona Penha. Ela me tratava bem, me dava carinho. Eu não me lembro de muita coisa, mas a dona Penha ainda está viva. Quando eu ia na casa dela, ganhava comida, ficava assistindo televisão. Eu queria assistir desenho, o Pica-Pau, o Popeye. E assistia o Chaves, o He-Man.

    Eu gostava também do homem da cocada. Eu ficava imaginando que ele era meu pai, porque ele também me tratava bem, me dava cocada, os filhos dele eram superbem tratados. O homem da cocada era um vizinho. Ele fazia cocada preta e cocada branca num panelão e saía vendendo. Não me lembro o nome dele, mas sei que ele gostava muito do cantor Amado Batista. O homem da cocada era casado. Eu ia na casa dele de vez em quando pra assistir televisão. E, além de me dar cocadas, ele não deixava minha mãe me bater. Ele e a dona Penha me defendiam, mas minha mãe dizia que eu era filha dela e ela fazia o que queria. Ela me batia e eu ficava xingando ela em pensamento. Eu imaginava aquele homem da cocada sendo meu pai. Agora não sei se ele está vivo. Ele se mudou de lá faz tempo.

    Foram essas as pessoas que me protegeram. Eu achava minha infância infeliz e tinha inveja da minha irmã Salete que tinha morrido. Isso faz muito tempo. Eu achava que ela, morta, estava bem. Estava morta, mas pelo menos não estava vendo minha mãe beber, apanhando das pessoas no bar, tendo que ficar se humilhando. Mas eu não tentei me matar nenhuma vez, eu só me mordia quando estava com raiva. Eu achava que meu irmão Robson também estava melhor, porque ele estava tão bonitinho no enterro dele. Tudo era motivo pra eu fantasiar. O Robson era o último, o irmão mais novo. Eu me lembro: ele estava bonitinho, num lugar cheio de flor, o caixãozinho branquinho, pequenininho... Acho que o velório foi na Cachoeirinha.

## Mãe de fantasia

Eu fantasiava com a mãe e os pais dos meus amigos. Quando cismava, eu não dormia, ficava pensando, viajando, me imaginando na casa de alguma pessoa, a pessoa me tratando como filha... Nesses sonhos elas me tratavam bem, me levavam pra passear, compravam roupas. Eu morava numa casa boa, onde tinha pão com manteiga todo dia.

Mas quando eu fantasiava em cima da pessoa, podia esquecer, nem nos olhos dela eu conseguia olhar. Eu rejeitava, desprezava. Tinha medo de ser rejeitada, então eu rejeitava. Eu criava um vínculo com a pessoa, mas quando ela vinha falar comigo eu saía correndo, ficava com medo, medo que ela descobrisse ou desconfiasse o que eu imaginava: que ela ia ser minha mãe ou meu pai. Então eu não conversava. Se ela estivesse passando, eu atravessava a rua. Hoje eu acredito que era um mecanismo de fuga.

Quando minha mãe verdadeira vinha no pensamento, eu pensava: "Você tem mãe e a sua mãe é essa". Mas logo eu fazia o meu pensamento voltar à minha fantasia de costume. Não queria pensar que minha mãe era a minha mãe, queria pensar que a mãe da minha amiga era minha mãe. Eu realmente preferia não ter aquela mãe. Mas também não conversava com a dona Penha. Eu saía correndo quando ela vinha conversar comigo, de medo de ser rejeitada, principalmente de medo dela descobrir as minhas fantasias por ela. Eu sempre arrumava uma mãe nova.

Um dia eu tinha ido com minha mãe visitar o meu tio e a minha tia em Osasco. Na volta, ela parou num boteco pra tomar uma dose. Minha mãe sempre "tomava uma" na intenção de alguma coisa. Às vezes, quando estava com raiva de mim, ela tomava uma dose na minha intenção e depois virava o capeta. Naquele dia, no meio do caminho ela falou: "Vou tomar uma dose na intenção do cobrador". Acho que foi porque ela discutiu no ônibus, quando os outros olharam muito pra cara dela. Quando estava muito bêbada, ela levantava a saia e falava: "Tô cagada? Tô mijada? Tem alguma coisa suja aqui? O que ocê tá olhando?". Minha mãe era a maior depravada.

Nesse tempo eu tinha vergonha. Eu falava: "Para, mãe", e ela: "Para o caramba, cala a boca senão vou bater em você também". E ela já "rodava a baiana". Voltando da casa do meu tio, minha mãe foi tomar aquela dosinha, e eu pedi: "Me paga um chiclete?". Antigamente os chicletes eram pequenininhos. Ela falou: "Não vou pagar, não". O chiclete custava alguns centavos, mas ela não quis pagar. Eu comecei a fazer birra, ela começou a me empurrar, me jogou no chão.

## Um dedo cortado

Numa outra vez, foi depois do Natal, eu tinha ganhado umas roupinhas, eu estava saindo, mastigando chiclete. Minha mãe se invocou com o meu jeito de mascar chiclete. Na minha cabeça eu estava mascando normal. Ela mandou eu mascar direito o chiclete, porque eu estava mascando de boca aberta. Eu continuei a comer o chiclete e ela falando um monte pra mim, pra eu parar de comer chiclete, ou senão jogar o chiclete fora. Eu continuei do mesmo jeito. Nessa ela tacou a bolsa em mim, e a bolsa caiu numa casa.

A casa ficava embaixo, tinha uma escada e o portão era de lanças. Minha mãe pediu pra eu buscar a bolsa. Eu falei que não ia, que tinha medo de me enroscar. Ela falou: "Você vai". Eu bati, bati, bati em frente da casa. Chamei, chamei, ninguém apareceu. Então decidi pular o portão pra pegar a bolsa, era uma bolsa quadrada, toda dourada, e o fecho eram duas bolinhas de metal brilhante. Quando subi no portão, minha mãe me deu um empurrão e fiquei pendurada pelo dedo na lança do portão.

Eu comecei a gritar. Apareceram os donos da casa e eu me senti pior ainda. Eles abriram a porta, me tiraram, me levantaram pra cima e meu dedo desengachou. Eu olhei pra minha mãe e comecei a chorar, olhei pro meu dedo e ela disse: "Morre, filha da puta, que eu tô indo embora!". Isso aconteceu em Osasco. A gente morava na Vila Penteado, longe pra caramba. Ela pegou o ônibus e foi embora. E eu não sabia nem como ir embora.

Comecei a caminhar, chorando, sem saber pra onde ir, os outros olhando pra minha cara, perguntando o que tinha acontecido. Eu mandava todo mundo tomar naquele lugar e continuava andando. Nessas horas, todo mundo pergunta, mas ninguém ajuda. Tinha um homem limpando o fusquinha dele, um fusca azul-metálico. Ele nem perguntou, me pegou, me colocou no carro e me levou pro hospital. Lá, eu achei que o médico queria cortar o meu dedo e comecei a dar escândalo. Xinguei o médico de todos os nomes que eu conhecia. Chutei ele, não deixei cortar o meu dedo. "O meu dedo, não!".

Ele disse que não tinha jeito pra costurar. Depois falou assim: "Vou tentar esticar a pele. Se eu conseguir, não corto, mas, se eu não conseguir, vou ter que cortar o seu dedo". Ele conseguiu. Todas essas coisas me faziam querer sair de casa.

## Minha irmã, uma mãe

Eu gostava muito da minha irmã, porque ela sempre me tratou como uma filha. Quando eu nasci, ela tinha cinco anos de idade. Minha irmã dava banho em mim, me levava pra cama, me contava historinha, me ensinava a cantar. Ela me dava carinho. A única coisa que eu não gostava era quando ela me pegava pra pentear o cabelo. Nunca gostei de pentear o cabelo. Minha irmã me defendia, me dava conselhos.

Hoje ela tem 26 anos e está casada. Minha irmã era mesmo uma espécie de mãe, tanto que hoje ela me trata como as filhas dela. Mas eu não tenho paciência pra isso, pra ser tratada como uma criança. Por isso nós temos umas desavenças, ela é a mais velha e quer me tratar como trata as minhas sobrinhas, uma de oito e a outra de seis anos. Ela ainda me vê como uma criança. A responsabilidade da minha mãe passou pra minha irmã. Além de mim, ela também passou a cuidar da minha mãe; quando minha mãe bebia, minha irmã levava ela pra casa, dava comida, dava banho nela, trocava de roupa.

Minha mãe também batia na minha irmã, mas ela sempre foi a certinha. Eu e meu irmão éramos mais ovelhas negras, a gente brigava com a minha irmã. Ela não me batia, às vezes a gente brigava, coisas de criança, eu puxava o cabelo dela, ela puxava o meu, uma dava porrada na outra.

Mas ela sempre me tratava como uma filha. Me levava pra passear, eram passeios entre aspas, a gente ia pro Parque da Água Branca, ela pedia dinheiro pra me levar no parquinho. Mas isso não foi o suficiente pra me fazer ficar em casa.

## Padrasto

A vida ia caminhando daquele jeito. Até que minha mãe arrumou um namorado. Era meu padrasto, o pai do Robson. Ele não morava com a minha mãe, porque estava na cadeia, no Carandiru[2], no pavilhão 8. Nem sei por que ele estava preso. Durante muitos anos minha mãe ia visitar meu padrasto. Ela ia muito, mas não sempre, porque não era sempre que a gente tinha dinheiro. Eu gostava de ir lá na cadeia, porque o pessoal me dava brinquedo, o pessoal jogava lá de cima uns bonequinhos que eles faziam. Então eu podia brincar lá, o pátio é muito grande, e em dia de domingo tinha comida, tinha macarronada, salada de maionese. Eu adorava.

Além de gostar da comida, eu me sentia atraída pela cadeia, atraída pela cela. O namorado da minha mãe se chamava Roberto de Assis Mariano e já morreu. Um dia, ele saiu da cadeia e foi morar com minha mãe. Dormia eu, minha mãe, meu padrasto, minha irmã e meu irmão, todos na mesma cama.

Passou um tempo, minha mãe voltou a beber. Ela tinha parado um pouco, mas começou a beber de novo, e bebia, bebia, e bebia, e não ia pedir esmola, porque meu padrasto tinha arrumado um emprego numa oficina na Avenida Itaberaba, ao lado do supermercado Cândia. Então minha mãe ficava bêbada o dia inteiro, meu padrasto esperava minha mãe dormir e mexia comigo na cama. Ele fez isso até os meus sete anos. Ele falava que não era pra eu falar pra minha mãe.

Eu me lembro que eu ficava com medo. Ele esperava minha mãe dormir e ficava mexendo comigo. Não sei se ele mexia com a minha irmã, meu irmão falou que não. Meu irmão não sabia, naquele tempo, agora

---

[2] A Casa de Detenção de São Paulo, popularmente conhecida como Carandiru, foi fundada em 1956 e chegou a abrigar mais de 8 mil presos. A penitenciária foi implodida em 2002. Em seu lugar, o governo construiu o Parque da Juventude, que foi inaugurado em 2003. (N.E.)

eu falei pra ele. Minha irmã é muito certinha, ela não comenta nada. Ela me disse que não. Mas meu padrasto me ameaçava, falava que, se eu contasse pra minha mãe, ele ia me bater. Eu ficava morrendo de medo e acho que perdi mesmo a minha virgindade com ele. Eu não falava pra minha mãe. Ela jamais ia imaginar uma coisa dessas, ainda mais que estava bêbada e dormia como uma pedra.

Um dia, ele me chamou e falou: "Nós vamos pro campinho". Tinha um campinho perto da minha casa. No campinho, ele tirou a minha roupa e mandou eu deitar. Tinha um monte de gente jogando futebol ali perto. Ele mandou eu deitar na grama, tirou a roupa e ficou em cima de mim. Eu fiquei parada, sem abrir a boca, eu tinha medo dele. Naquela hora, três ou mais caras que tinham acabado de jogar estavam passando pela estradinha. Eles presenciaram aquela cena. Eu fiquei morrendo de medo, pensei naquela hora que meu padrasto tinha chamado mais três caras pra me estuprar. Os caras viram aquilo e mandaram eu levantar. Pensei que estava perdida na mão deles, mas eles mandaram eu colocar a roupa e sair correndo. Eu saí. Meu padrasto apareceu em casa só depois de três dias, todo roxo, com a cara inchada. Depois ele me bateu e me ameaçou. Eu não podia contar pra minha mãe.

## Morte do padrasto

Meu padrasto morreu doente, de tuberculose, e na minha frente. O cara estava mal, cuspia a toda hora, sentia falta de ar, gritava. O chão ficava cheio de catarro, uma nojeira. Um dia, ele estava lá na cama, a minha mãe estava na casa da minha avó, e ele começou a se debater e a gritar: "Cida, Cida", respirou fundo e morreu. E fiquei sozinha com meu padrasto. Meu Deus, como eu tinha medo. Eu tinha o maior medo de defunto e tinha de ficar lá até minha mãe chegar com a patroa, porque ela tinha me deixado de castigo lá em casa. Eu olhava pra cara dele e ficava com medo da alma dele vir me pegar e estuprar de novo.

Quando minha mãe chegou, foi o maior alívio. Demorou pra virem buscar meu padrasto. Eu estava com sono e não tinha onde dormir, porque ele estava na cama. Fiquei dormindo na beirada da cama, mas morrendo de medo.

Depois minha mãe começou a "ver" meu padrasto todo dia. A gente chegava em casa, saía de casa, e ela falava que via a alma do meu padrasto, que ficava conversando com ele o dia inteiro. Aí é que eu não ficava em casa mesmo. Acho que ela já estava entrando na loucura. Aquilo era motivo pra eu ficar na rua, e até acredito que a minha casa era amaldiçoada.

Minha mãe só falava em inferno e diabo quando eu dormia. De madrugada, eu via uma velha com um xale nas costas. Ela era banguela, feia, tinha pouco cabelo, como nos filmes de terror. Ela carregava uma enxada, o chão da casa era de terra e ela ficava cavoucando a minha casa.

Não acredito muito nesses negócios, mas eu via a velha e ela falava que era "a tia da desgraça", que tinha vindo pra destruir minha família, que já tinha destruído todo mundo. Falava que ia levar minha avó, toda a minha família. Ali é que não dava pra ficar.

## Tio Expedito

Depois teve mais alguém, o meu tio Expedito (horrível esse nome), que era irmão da minha mãe. Ele também me estuprou. Não sei se ele era o mais velho ou o mais novo. Por causa do álcool, morriam muitos. Parecia que cada ano morriam dois, três. Quando eu nasci, já tinha morrido uma leva.

Esse tio Expedito foi morar em casa, acho que tinha saído da cadeia, e ele ficava mexendo comigo. Ele foi morar na casa da minha mãe depois que o Roberto morreu. Acho que foi isso, ou quase isso. Ele começou a mexer comigo. Ele me ameaçava também, e eu tinha medo. Uma vez, ele tentou mexer com a minha irmã e ela contou pra minha mãe. Minha mãe estava careta e contou pros malandros da favela. Porque ela era respeitada lá. Por mais que fosse bêbada, ela era a mais velha do bairro, foi a primeira pessoa a morar lá. Então os malandros colocaram o Expedito pra correr e ele nunca mais apareceu. Um tempo passou e minha mãe soube que ele estava na cadeia e foi fazer uma visita. Meu tio tinha sido preso por roubo. Na cadeia, jogaram água quente na cara dele e ele ficou todo deformado.

Muitas coisas iam me fazendo querer sair de casa. Saí pela primeira vez no final de 1987. Eu tinha oito anos. Naquele começo, eu só ficava o dia inteiro fora. Eu ia pra rua sozinha, sem a minha mãe, e só voltava pra casa às duas, três horas da manhã. Eu ia pra Sé, ficava por lá, mas não dormia. Ia e voltava. Às vezes eu também ia pra Lapa. Eu gostava do mercadão. Ia pedir fruta. Eu só pedia, naquela época não roubava. Na verdade, eu tinha o maior medo de roubar.

Meu irmão já tinha fugido quando ia completar sete anos. Ele fugiu porque ficou revoltado um dia, quando minha mãe bateu em mim, nele e na minha prima. Eles eram pequenos, estavam brincando, se conhecendo com sexo. Minha mãe descobriu, pegou pimenta-malagueta, jogou no pinto dele e ainda deu um couro nele. Eu já estava revoltada, ele também, então ele falou pra mim que ia fugir de casa. Depois de um tempinho, minha mãe bateu nele de novo, acho que até jogou óleo quente. Então o Claudinei falou pra minha mãe que, se ela relasse a mão nele de novo, ele ia fugir de casa. Foi aí que minha mãe desceu o couro. Um dia, meu irmão e meu primo combinaram que iam fugir juntos, porque minha tia era outra louca, bebia mais que minha mãe. A tia Rita mora no terreno da minha avó e hoje está louca. De tanto beber.

## Circo e magia

Quando meu irmão fugiu de casa, minha mãe ficou mal pra caramba. Não dormia, só chorava, e bebia. Se ela chorava era porque gostava da gente, mas ela gostava mais da Salete, que tinha morrido, porque, se ela gostasse de nós, ela parava de beber. A gente falava sempre: "Para de beber".

Eu continuava indo pra rua sozinha, pro mercado da Lapa, pra Sé. Eu pedia dinheiro pras pessoas e com o dinheiro comprava tudo o que queria. Eu me sentia mais feliz saindo sozinha, minha vida tinha melhorado. Eu ficava por todos os lugares, na rua não tinha lugar certo pra mim.

Em 1988 continuei saindo, mas naquele ano surgiu o circo-escola. Eles estavam montando o circo, fizeram um mutirão, todo mundo estava ajudando a montar e eu também. Nós ajudamos a montar o circo e fomos convidados pra fazer oficina de artes plásticas. Depois disseram que ia ter aula para os menores, então comecei a frequentar o circo. O circo que fundaram ficava na Avenida João Paulo I.

**CIRCO-ESCOLA ENTURMANDO — linha de programas preventivos e de complementação escolar desenvolvido pela então Secretaria do Menor de São Paulo[3], de 1987 a 1992. Os circos-escolas eram implantados nos bairros distantes do centro da cidade e ofereciam aulas de circo, teatro e artes plásticas.**

Lá a gente só podia fazer uma aula por dia, mas, como minha mãe bebia, eu fazia artes plásticas de manhã e à tarde. Passava o dia no circo-escola. Minha irmã já estava estudando. Ela tinha chorado e implorado pra minha mãe que queria estudar. Ela estava ficando adolescente e tinha vergonha de pedir esmola, ainda mais quando entrou na escola. Além da vergonha, na rua sempre tinha aqueles caras que queriam passar a mão nela. Era horrível. Custou, mas minha mãe deixou a gente parar de pedir esmola. Com 12 anos a Giselda começou a estudar.

Minha irmã, então, ia pra escola. Mas minha mãe ia bêbada pra escola, entrava na sala de aula, ia metendo o pau na professora, falando um palavrão depois do outro. Ela fazia escarcéu e minha irmã ficava chorando. Fazer o quê?

É claro que minha mãe ia me bater também lá no circo-escola, porque eu tinha aprontado. Eu brigava com as meninas, mandava elas tomarem naquele lugar, e as mães iam reclamar em casa. Depois eu brincava direto de ficar de bem. "Vamos ficar de bem?", a gente falava, e dava o dedinho pra dizer que já estava de bem. Minha mãe às vezes ia pro circo totalmente bêbada, só pra dar um show, só pra rodar a baiana.

Lá, o que eu mais gostava de fazer era artes plásticas. Eu desenhava e também pulava na cama elástica. Tinha também corda bamba e teatro. Lá eles também me incentivaram a ir pra escola. Eu me lembro do Osias, do

---

[3] A Secretaria do Menor foi extinta, e suas atribuições foram passadas para a Secretaria Municipal de Assistência Social. (N.E.)

Orlando, do Fred. Eles eram educadores do circo e ficaram no pé da minha mãe pra eu ir pra escola. De vez em quando eu encontro eles na rua.

## Escola e cartilha

Os vizinhos também incentivaram minha mãe, dizendo que eu tinha que ir pra escola. Eles me pagaram foto, tiraram minha certidão de nascimento e eu comecei a estudar de manhã, na Escola Chiquinha Rodrigues, na Vila Penteado.

Ali também era horrível, porque eu não tinha dinheiro pra comprar lápis, não tinha dinheiro pra comprar caderno. Minha professora pediu pra comprar uma cartilha, mas, sem dinheiro, o que eu fazia? Saía da escola e ia pra Saraiva, uma livraria perto da Sé. Pra todo freguês que entrava, eu mostrava o nome do livro, dizia que eu não sabia ler, que precisava estudar, mas não tinha o dinheiro pra comprar a cartilha. A professora me disse: "Se você não comprar essa cartilha, você não vai estudar, porque não vai conseguir acompanhar". Demorou, mas um dia entrou na livraria um homem de terno e gravata. Eu comecei a chorar: "Eu quero estudar, mas não tenho dinheiro, minha mãe é pobre". Ele pagou a cartilha pra mim. E pagou também um caderno e um lápis. A roupa eu ganhava no centro de umbanda que eu frequentava.

Na escola, eu tive a professora Eunice, que era bem novinha. Ela era legal, e eu comecei a imaginar que ela também era minha mãe. De novo eu fantasiava, porque a Eunice me tratava bem e tinha começado a me ensinar a ler. Ela tinha um cabelão grande e talvez uns vinte anos.

Eu aprontava muito e a dona Eunice sempre me colocava de castigo. Meu costume era xingar a minha colega Raquel de "zarolha". Batia nela porque ela era zarolha, e a coitadinha chorava. Os meninos que moravam perto da minha casa me chamavam de favelada, então eu também brigava por causa disso. Um menino me batia direto, mas ele morreu. Ele virou traficante e morreu. O nome dele era Frederico.

Os meninos debochavam porque minha mãe era bêbada. Uma vez eles me viram catando papelão, começaram a contar na escola, e eu comecei a ter vergonha. Eu me defendia, mordia, uma vez quase arranquei um pedaço do peito de um menino de tanto morder, porque ele começou a me bater. Ele esperava eu sair da escola pra me bater na saída. Naquele dia, ele veio me bater e eu grudei no peito dele: eu grudada, ele chorando, e ele nunca mais me bateu.

Eu gostava da escola, aprontava com a professora, mas não brigava com ela. Às vezes eu pedia pra ir no banheiro e depois ficava dizendo que a loira do algodão estava lá. Acho que sempre existiu essa história de "loira do algodão". Falavam que era uma mulher que tinha morrido na escola. Ela aparecia pros alunos com um monte de algodão no nariz e na boca. Diziam que ela aparecia no banheiro e, se tirasse o algodão do nariz dela e colocasse no de alguém, essa pessoa morria. Eu tinha medo da loira do algodão, por isso eu saía da classe e voltava dizendo pra professora que a loira estava lá. Até que a professora não me deixou mais ir no banheiro, mesmo que eu estivesse muito apertada. Mais de uma vez eu fiz xixi na calça na sala de aula.

Eu aprontava também quando saía da escola. Eu ia catar passarinho no meio do campo, mas só brincava de tentar catar, com um saquinho de plástico. E também tentava fazer ninho pros passarinhos. Tinha um monte de árvores. Meu irmão colocava essas brincadeiras na minha cabeça, mas eu nunca consegui catar um passarinho. Eu queria pegar os que estavam doentes, caídos no chão, pra cuidar deles. Eu tinha medo, meu irmão inventava um monte de coisas, falava que tinha areia movediça, que se eu fosse pro campo pegar passarinho doente eu ia pisar no barro, ia morrer, o barro ia me puxar pra baixo. Ele também dizia que tinha cobra, então parei de brincar de catar passarinho.

## Incêndio

Quando entrei na escola, minha mãe arrumou um serviço. Foi a primeira vez que vi minha mãe trabalhando. Ela arrumou um serviço no Hotel Jovem, bem perto de onde eu morava. Ali ela trabalhava como passadeira de roupa. Então eu saía da escola e tinha comida em casa. Minha irmã cozinhava e eu levava a marmita pra minha mãe. Eu gostava

Estação Júlio Prestes

de fazer isso, estava superbem, minha mãe ia me buscar na escola, eu chegava e tinha comida feita em casa. Eu brincava, e ela começou a me tratar bem, me dava carinho. Ela tinha parado de beber, mas foi por pouco tempo. Não deu um mês.

Como a gente cozinhava com lenha pra acender o fogão, um dia, não sei direito o que aconteceu, minha irmã estava dormindo, eu estava no circo, minha mãe chegou em casa e tinha pegado fogo. Minha irmã estava lá dentro. Não sei como ela conseguiu sobreviver. Minha mãe viu aquilo, se revoltou, largou o emprego, começou a beber pinga. O que estava melhor parece que piorou, o que estava pior ficou pior ainda. Não sobrou nada dentro de casa. Quando eu cheguei, só tinha bombeiro lá. Essas coisas fazem a gente desanimar. Eu desanimei, minha mãe desanimou, ficou uma porcaria.

Minha irmã tinha uma professora chamada Regina, que ficou com dó e colocou minha irmã pra trabalhar na casa dela como doméstica. Eu continuei a ir pra escola, mas não gostava de lá. Minha mãe voltou a beber, começou a me bater, e eu comecei a cabular aula.

Eu não levava lanche pra escola. Saía bem cedo de casa, ia pro Largo do Japonês, na Cachoeirinha, e pedia dinheiro pro lanche, ou pedia pra pagarem maria-mole pra mim.

Na escola eu sempre me sentia menorzinha, me sentia inferior. Eu tinha uma colega que morava num apartamento. Eu achava que ela era rica, porque a mãe dela sempre comprava roupa bonitinha pra ela. Tinha uma outra colega que a mãe era meio prostituta e todo dia dava dinheiro pra filha. Só sei que o relacionamento das meninas com a família delas era diferente do meu com a minha família.

## Muita bebida

Eu ia pra casa da minha tia, da minha avó, todo mundo estava bêbado. Lá no terreno todo mundo bebia. Eu ficava vendo todos cantando, isso eu até achava legal. Eles bebiam que não era brincadeira, bebiam pra ficar bêbados mesmo. Por isso ninguém trabalhava. Nunca ninguém trabalhou na minha família, a não ser o irmão da minha avó, o Osmar Ortiz.

O pessoal em casa, quando bebia, falava pra eu não ficar com vontade, mas sempre me davam pinga pra beber. Eles me davam uns golinhos, e de golinho em golinho, com cinco anos comecei a beber pinga. Mas só bebi pinga naquele tempo, quando vivia na minha casa.

Em casa a gente não comia carne, comia "gordurinha". A gente ia pra feira e pegava pele de galinha. Ia pros açougues e pedia gordura da carne. A gente fritava e comia com comida. Às vezes tinha carne estragada, mas a gente tirava aqueles bichinhos de varejeira, temperava, fritava e comia daquele jeito mesmo.

Minha mãe mandava eu pro ponto de ônibus, de madrugada, catar bituca de cigarro pra ela. Eu catava uns bitucões de Belmont e Mustang. Eu chegava com um monte de bituca, comprava a garrafinha de pinga dela, que isso não podia faltar, e ela ficava lá, perto de uma mesinha vermelha, matando pulga, fumando cigarro e bebendo. Todo dia ela fazia isso, ficava até seis horas da manhã bebendo, e nós dormindo. E às vezes eu ficava ajudando ela a matar algumas pulgas.

Um dia eu fiz um fogão a lenha na minha rua. Pedi gordurinha, mas não mostrei pra minha mãe que eu tinha ganhado. A gente tinha que pedir esmola e aparecer em casa com carne. Se não chegasse com carne, a gente entrava no couro. Naquele dia, eu pedi, ganhei, temperei e arrumei uns espetos de churrasco. Eu chamei minha coleguinha e comprei pinga. Naquele dia eu não tinha dado dinheiro pra minha mãe. Falei que não tinha ganhado. Dei só uma merrequinha pra ela não me amolar. Nós fizemos churrasco e bebemos. Eu fiquei tonta, tonta, tonta, tudo estava girando na minha cabeça, eu não conseguia falar. Eu caí e não sei onde fui parar depois.

## O velho

Quando eu ia pro centro de umbanda, eu falava às vezes o que acontecia. Os santos desciam e contavam tudo o que acontecia comigo, como era o meu dia, e que os espíritos deles ficavam o dia inteiro comigo. O pai de santo começou a falar que minha mãe ia arrumar um namorado, que ele ia espancar ela e outras coisas mais. Meu irmão também foi no centro de umbanda um dia. Quando chegamos em casa, abrimos a porta e minha mãe estava lá com o cara. Não tinha como não ver e não saber que estavam namorando: minha mãe se trocou e apresentou o cara. Ele era um velho. Eu chamava ele de "velho". Ele se chamava Cláudio, tinha cabelos brancos, era baixinho, trabalhava como pedreiro.

O velho bebia, espancava minha mãe à beça. De vez em quando ela tinha de ir pro hospital. A vida dela era assim: largava dele um dia, no outro fazia a gente ir atrás e dizer que amava ele, pra ele voltar. Se não voltasse, a gente apanhava. Então tinha que ir, chorando, dizendo pra ele voltar pra ela.

O velho morava na viela com a irmã, a dona Edna. Ele ia e voltava. E não demorou muito pra começar a me bater também. Um dia eu cheguei em casa, minha irmã estava chorando, revoltada. Ela é muito sentimental, por qualquer coisa ela chora. Eu disse: "Giselda, quero fugir de casa. Não vou ficar mais aqui. Vou embora com o Negão". Era esse o apelido do meu irmão. Ela começou a chorar, pediu para eu não sair de casa, pra eu aguentar.

# 3 A PRIMEIRA FUGA

Perto de casa morava a Priscila. Não sei se ela ainda está viva, porque nunca mais vi a Priscila. A mãe dela e de outras coleguinhas com quem eu me enturmava eram iguais à minha mãe: bebiam, batiam, espancavam. A Priscila morava perto de mim. Ela era menor que eu e sofria muito. Era morena, cabelo de índio, bem lisinho, lisinho. Era bonitinha, pequenininha. Tinha cinco anos e já pensava em fugir de casa. Como eu também pensava, eu falava pra ela que a gente podia fugir juntas.

Um dia, no meio daquela história com o velho, eu falei pra minha mãe: "Ó, você escolhe: ou eu ou ele". Eu já estava preparada, a Priscila estava lá fora, me esperando. Minha mãe disse: "Eu amo o Cláudio, eu amo o velho", e nem sei mais o que ela falou. Eu só respondi: "Então tá. Fica com ele". E fui embora. Fui pra rua, fui passear. Pegamos o ônibus, eram mais ou menos nove horas da noite. Fomos dormir na rua. Numa outra vez, eu fugi com o meu cachorro também. Ele era vira-lata, pequenininho, marronzinho.

Nós pegamos o ônibus Paissandu e descemos na Praça da Sé. A gente estava com fome. Tinha um pessoal na rua. Nós perguntamos pro pessoal que estava dormindo onde tinha comida e eles falaram que no lixão do McDonald's. Nós fomos pro lixão. As pessoas que comem no McDonald's nem sempre comem tudo. Os funcionários vão juntando sacos e sacos de lixo com os restos, jogam na porta. Então a gente abria os sacos pra achar pedaço de pão. Achava e comia ali.

Naquele primeiro dia nós dormimos na Rua São Bento. No outro dia, de manhã, voltamos pra Praça da Sé. Logo depois eu me perdi da Priscila. Fiquei chorando, procurando. A mãe dela se chamava Abigail, mas o apelido dela era Birigão. Algumas meninas da Sé me viram, tomaram o meu dinheiro. Então comecei a chorar no chafariz.

Tinha uma tia de rua que eu chamava de Edna, que vendia amendoim. Ela não deixou as meninas me baterem. Fiquei andando por ali, depois fui pro Mappin[4] pedir dinheiro. Quem eu encontrei? A minha irmã. Ela também frequentava o circo, estava com 13 pra 14 anos. O circo-escola arrumava serviço e arrumaram um serviço pra ela na Sabesp, ali no centro da cidade.

Minha irmã quis me levar pra casa. Eu não queria. Ela disse que minha mãe não ia bater em mim. Eu acreditei nela e fui. Mas minha mãe me bateu. Continuou a beber e começou a me bater de novo. Não fiquei nem uma semana em casa. Fui pra rua. Definitivamente.

## Dia feliz

Na segunda vez que eu saí, era de manhã. Peguei o ônibus pra escola, mas fui pra Sé. Saí de casa de vez. Falei que ia pra escola e acabei indo pra rua.

Antes de chegar na praça, joguei meu material fora, no mato: meu caderno, meu lápis, minha borracha e minha cartilha. Eu me lembro que o nome da cartilha era *No reino da alegria*. Lembro que tinha a história do tatu, que estava toda rabiscada porque eu fazia a lição nela. Mas eu não gostava da escola. Eu gostava da merenda que davam lá e da minha professora, a dona Eunice.

Tinha muitas meninas na classe. Quando eu pedia pra elas me emprestarem um lápis, elas ficavam dizendo: "Não posso, minha mãe não deixa, meu pai não deixa". Então eu esperava todo mundo sair pro recreio e roubava o lápis de uma daquelas meninas. Eu tomava delas. Uma vez enfiei a ponta do lápis no braço de uma. Eu era meio maldosa.

---

4  Mappin foi uma antiga loja de departamentos que funcionou na cidade de São Paulo entre 1913 e 1999. Esmeralda se refere à loja da Praça Ramos de Azevedo, no centro da cidade, que se tornou referência da marca. (N.E.)

Então, quando fui pra praça, fui conhecendo alguns meninos de lá. Alguns eram colegas do meu irmão. Fiquei o dia inteiro andando pelo centro, pelos bares, pelas lojas pra onde sempre tive vontade de ir, mas minha mãe não deixava, até que chegou a noite.

Eu estava feliz durante o dia, brincando na grama, pulando. Achei que tinha chegado a felicidade. Mas à noite eu encarei a realidade. Senti saudade da minha cama, senti saudade da minha mãe, senti saudade de todo mundo, senti falta de tudo, senti medo. E falta de carinho. Dormi na porta de um fliperama. Peguei a minha blusa, dobrei os joelhos, coloquei a blusa entre os joelhos, coloquei minha mão dentro da manga e tombei de lado. Dormi no chão, sozinha, sem folha de papelão, sem cobertor, sem nada.

O bom foi que ninguém me atormentou. Me deixaram dormir em paz. Mas naquele momento eu me arrependi. Eu pensava: "Tá vendo? Se eu estivesse em casa agora, estava dormindo".

Eu dormi, porque quem dorme na rua, quando começa a dormir até pode sentir frio, mas, quando apaga, nem sente muito. Não que não sinta frio nunca, mas tem que se acostumar com o clima. Numa hora dessas, tem que dormir, sim, sem coberta, sem nada, só com a camiseta.

## Febem[5]

Naquele primeiro dia dormindo na rua, de manhã acordei com uma mulher loira e uns seis policiais ao meu redor. Ela tinha chamado os policiais do caminhão, porque ali na frente sempre ficava um arrastão. Ela tinha pedido pra me levarem pra Febem. Era um monte de caras olhando pra minha cara. Acordei assustada, com medo. Comecei a chorar, falando que não tinha feito nada.

E eu estava morrendo de medo. Imaginava que ia apanhar, ser torturada. Era essa a imagem que eu tinha da Febem, porque algumas vezes minha mãe falava que ia me levar pra Febem. Comecei a chorar, falei que não tinha feito nada e estava só dormindo. Fiquei o dia inteiro no 1º Distrito Policial, das seis da manhã às oito da noite. Esperaram vir

---
[5] Ver nota 1, p. 9. (N.E.)

**Fundação estadual do bem estar do menor**

Febem/SP
V. da Lapa

## CADASTRO DE MENORES

RESERVADO - VARA DE MENORES
S. G. M.
Fls. Nº
Visto:

**DADOS PESSOAIS DO MENOR**

- NOME: ESMERALDA DO CARMO ORTIZ
- NOME DO PAI: I.G.
- NOME DA MÃE: MARIA APARECIDA DO CARMO

DATA DE NASCIMENTO: 04 08 79

SEXO: F (FEM=F)
PELE: P
OLHOS: E
CABELO: E
E. CIVIL: S
FÓRMULA FUNDAMENTAL DATILOSCÓPICA: E 4444 I 4442
NÚMERO DO R.G.: 00097051

**ENDEREÇO RESIDENCIAL**
LOGRADOURO: Viela 06 - Rua do Congorismo
NÚMERO: 08
BAIRRO: Brasilândia
MUNICÍPIO - U.F.: São Paulo - SP

**REGISTRO DE NASCIMENTO**

**INFORMAÇÕES FEBEM**
CÓD. UNID. FEBEM: 133
DATA DA ENTRADA: 28 08 89
Nº DO PRONTUÁRIO: 27203-B

Nº PLANTÃO: UR-1501
ENCAMINHADO POR: 1º D.P. - Sé - Ofício nº 3137/89

**SÍNTESE SOCIAL:**

Menor apresentada a esta UR com documentação supracitada em anexo.

Identificada nada consta, primária conforme pesquisa datiloscópica.

Entrevistada menor declarou-nos que evadiu-se do lar para brincar.

Informou-nos que reside com a genitora; padrasto e uma irmã de 15 anos.

Habitam em barraco de 03 cômodos com estrutura básica.

O lar é mantido pelo padrasto.

Refere ter relacionamento familiar satisfatório.

Esmeralda, contou-nos que cursa a 2ª série do I grau, Escola " Chiquinha Rodrigues".

Menor orientada.

V.V.

SOM - 33064    1a. Via: Juizado   2a. Via: PT   3a. Via: Pasta   4a. Via: Emitente

Registro da primeira entrada na Febem

uma viatura, fizeram o B.O. Depois me puseram no carro da polícia e me levaram pra Unidade de Recepção da Febem do Tatuapé[6].

Quando cheguei no Tatuapé, achei o lugar bonito. Era um tipo de sobrado, com uma sala ampla e um balcão. Eles perguntaram meu nome, a mulher datilografou. Lá era a recepção. Depois colocaram a gente numa salinha toda branca. Ali, mandaram eu colocar uma faixa no peito, tiraram um monte de fotos minhas. Mandaram eu tirar a roupa, colocaram num saquinho. Me deram uma bermuda e uma blusa de frio. A blusa era verde, uma malha bem velha, com algum detalhe branco. Era um tipo de pijama. Lá era estilo triagem. Em seguida, me levaram para a Unidade de Atendimento Provisório (UAP3)[7].

## Acolhimento provisório

Essa UAP3 era um lugar horrível, tipo uma cadeia, tinha um quartinho mínimo onde dormiam nove pessoas. Me jogaram naquele quartinho. Tinha um colchão bem fininho no chão. Eles davam uma coberta bem fininha pra cada um dormir. Alguns funcionários, como um baita negão forte, ficavam vigiando a gente. Depois nós íamos pro pátio. Era um monte de crianças, tinha até moças de mais de vinte anos lá. Era muita gente dormindo em cada quarto. Na Febem tinha mais ou menos quinhentas pessoas, um lugar pequeno pra tanta gente.

Lá na unidade feminina ficavam todos juntos: uma criança de dois anos, por exemplo, que a mãe tinha espancado, deixado em casa durante vários dias sem comer, ficava com uma criança de sete anos que tinha sofrido maus-tratos. Se alguém era preso por vadiagem, ia pra essa Febem também. Se era por furto, ia pra essa Febem. Crianças abandonadas pela mãe por causa de doença mental iam pra lá. Latrocínio, iam pra lá. Assalto à mão armada, tráfico, iam pro mesmo lugar.

---

6 A área ocupada pelo antigo Complexo Tatuapé da Febem abriga hoje o Parque do Belém, a Escola Técnica Estadual (ETEC), o Parque do Belém e a Escola de Formação e Capacitação de funcionários da Fundação Casa. (N.E.)

7 Com a reestruturação da antiga Febem, as Unidades de Atendimento Provisório (UAP) foram desativadas. (N.E.)

No outro dia acordei com um funcionário chamando. Era um homem forte, gordo. Ele mandou a gente pro pátio e fomos separadas em grupos, umas para um lado, outras para outro. Tinha o grupo das maiores, e eu fui empurrada para o grupo das pequenininhas.

No dia seguinte ao da minha chegada, foi uma assistente social na Febem. E fui falar com ela. A assistente disse que eu estava presa como carente, não como infratora. Mas lá era tudo misturado, carente e infrator. Então ela pediu o endereço da minha mãe. Eu dei. Me perguntou por que eu tinha saído de casa, e eu expliquei: eu apanhava da minha mãe, por isso tinha fugido de casa. Disse que era meu primeiro dia na rua, que tinha pensado em ficar definitivamente, não queria ir pra minha casa. Ela falou: "Ah, você vai embora, porque você não fez nada". Então, alguns dias depois, eu fui.

Sem novidade nenhuma: minha mãe estava na viela, tão bêbada que não conseguia ir pra casa. Estava ali se segurando. A perua estacionou. Ela me viu e começou a chorar de emoção. Ela me abraçou e começou a me beijar: "Minha filha, por que você fez isso?". Comecei a chorar também e esperei minha mãe se acalmar um pouquinho. Depois que ela reparou melhor na perua da Febem baixando lá, perguntou quem era. Falei que eram uns amigos meus e que ela tinha que assinar um papel. O cara pegou o dedão dela, colocou lá no papel e foi embora. Voltei pra rua naquele mesmo dia. Depois de quinze dias, fui encaminhada de novo para a Febem.

Eu arrumei amizade lá na Febem. Quase todos eram da rua, ficavam na Praça da Sé. Antigamente, a maior concentração de menores era ali na Sé. Eu fiz amizades, arrumei uma mãe de rua lá dentro. É preciso arrumar uma mãe de Febem pra proteger a gente, não deixar ninguém bater.

Todo mundo era tratado igual, os caras não estavam nem aí. Eles metiam o pau em todo mundo. Só as crianças de dois anos não apanhavam muito, mas, se aprontavam, eles tiravam o chinelo e batiam nos pequenos. Em nós era porrada mesmo.

Eu fiquei num quarto onde dormiam duas, às vezes três, quatro pessoas num só colchão. Tinha uma menina louca que jogava merda nos outros. Umas ficavam babando, outras já conheciam o que era roubar. Elas então colocavam a gente no esquema, mas algumas tinham a mãe de rua, que protegia pras outras não baterem. A gente tinha de lavar roupa pra elas e qualquer coisinha que acontecesse a gente apanhava. A comida era horrível e a gente ficava o dia inteiro sentada lá no pátio. Só de vez em quando podia assistir televisão.

Nesse tempo, na Febem, eu era menina pequena, tinha dez anos, minha cabeça era diferente de agora. Eu ainda era bobinha. Andava com as meninas, mas só queria brincar. Queria brincar de casinha, de boneca.

Eu era totalmente criançona, porque na minha casa eu brincava pouco, ficava o dia inteiro pedindo esmola. Então ali eu queria brincar. Só depois que fui embora da Febem é que passei a pensar diferente.

Na Febem não tinha nada de festa, nada de Natal. No final de ano eles davam linguiça pra nós, farofa, arroz meio avermelhado cheio de ervilha, do tipo "a gente come hoje e no outro dia passa mal". Às vezes, as meninas ensaiavam peça de teatro ou dança. Uma vez a Mara Maravilha convidou a gente pra ir no programa dela. As meninas foram. Eu não fui porque caguetei uma monitora que me batia todo dia, a Cláudia. Quando fui pro juiz, contei pra ele. Essa Cláudia era uma negrona bem forte, bonita, que não gostava de mim.

Eu falei pro juiz que tinha uma monitora que me batia todo dia. Ela descobriu, ficou danada. Eu ia apanhar como uma condenada. A sorte é que o funcionário não deixou ela me bater. A Cláudia estava uma fúria naquele dia, se ela me catasse, acho que ia me matar de tanto bater. Todo dia ela me dava chinelada e aqueles beliscões que doíam até a alma. Falava que não gostava de mim, que eu era cagueta.

## Namoro e carências

Ali as meninas compensavam as carências namorando umas com as outras. Algumas namoravam fixo, outras namoravam um pouco e depois iam trocando. E tinha as louquinhas, que a gente chamava de "birozinhas". Tinha umas que tentavam matar as outras, enforcar.

De vez em quando tinha briga entre as meninas, mais com as sapatões, porque uma tinha ciúmes da outra. Geralmente a história das meninas era de meninas sem pai, de estupro, de mãe que bebe, pai que bebe, de

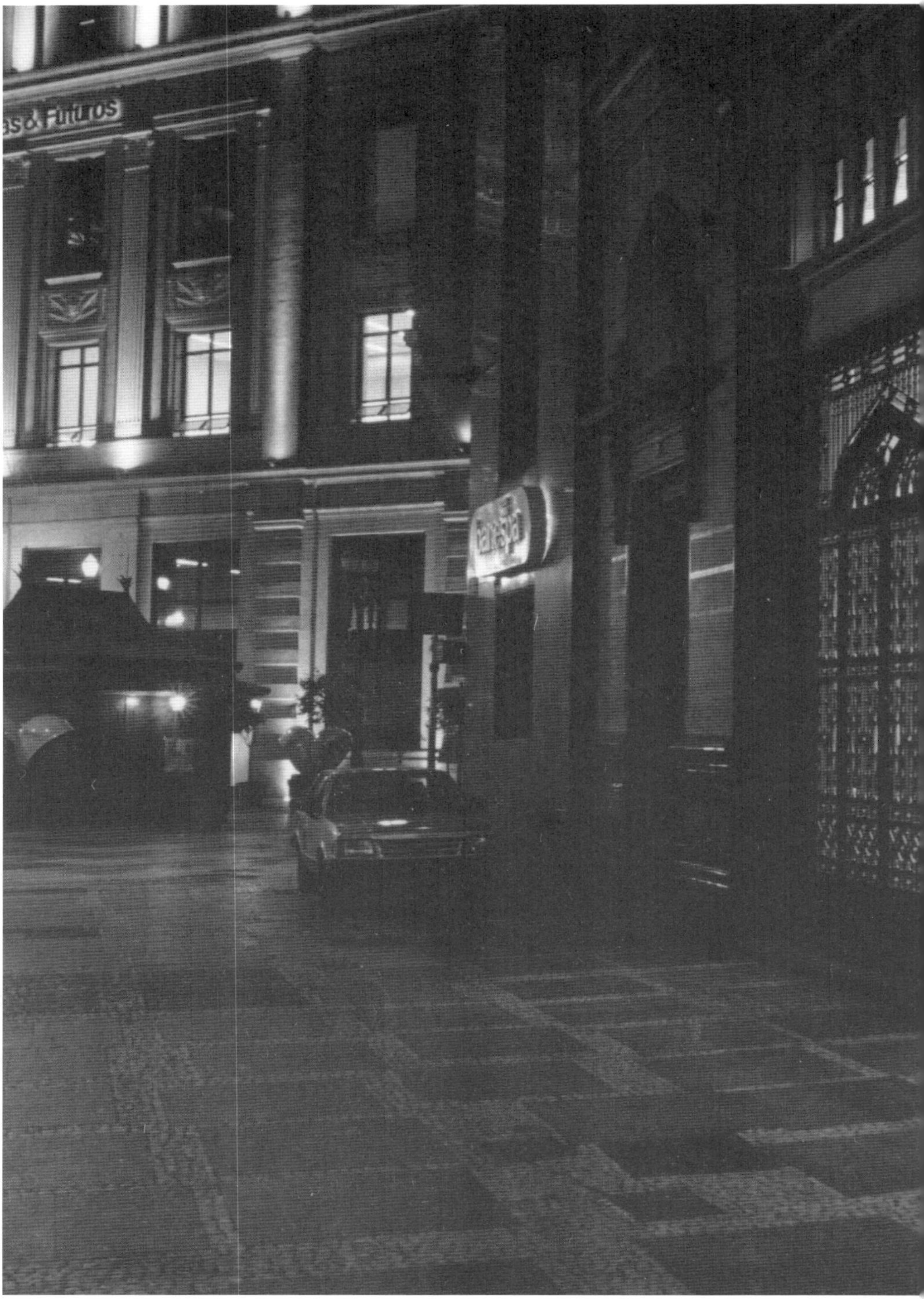
as & Futuros

Centro antigo de São Paulo

abuso sexual, de uso de drogas. Tinha muitas sapatões. Mas as meninas não mexiam comigo, não. Tinha as pais de rua, as sapatões namoradas das mães de rua. Eu entendi logo como era lá dentro. A gente aprende.

Tinha mãe de rua que ficava sendo mãe de rua de alguém só porque tinha simpatizado com a cara: "Gostei de você. Se quiser, com você ninguém vai mexer". Elas geralmente eram as mais fortes.

## Mocós, maconha e cola

Na rua conheci uma tal de Glaucia e uma Vanusa, uma delas tinha ficado na Febem comigo. Passei a andar com elas. Fui pra Praça da Sé e fiquei definitiva mesmo. Arrumei um mocó pra ficar, conheci o pessoal. Quando queria ver meu irmão, eles me contavam onde meu irmão estava. Eles já sabiam que eu era irmã dele, que chamavam de Marcelinho e era considerado lá na Praça da Sé. A turma dele os outros tinham que temer. Eu fui conhecer o ambiente, procurar um lugar pra ficar, um mocó.

Fui parar no mocó da Avenida 23 de Maio, que eu não conhecia, mas era um lugar muito falado. Todo mundo que eu via ia pro mocó. O mocó era onde tinha mais drogas, então era onde tinha mais movimento.

Comecei a andar pelos lados do mocó. Qualquer pessoa, se reparar bem, pode ver que debaixo das pontes tem às vezes buracos feitos pelos ratos. A gente ia lá e terminava o trabalho: aumentava o buraco, do tamanho pra gente caber. Era só pegar um papelão e forrar o chão, porque é tudo de areia debaixo da ponte, na parte que ela já está no chão. Assim a gente fazia o nosso mocó. Em alguns cabiam umas vinte pessoas. No mocó era gostoso dormir porque era bem quentinho. Dormiam meninos e meninas, às vezes só meninas, às vezes só meninos.

Lá também tinha essa de poder. O dono do mocó era homem e era o mais forte. Ele era mais respeitado, porque segurava o pessoal na pancada ou no respeito, numa boa. Alguns a gente respeitava por consideração, outros por causa da pancada.

Na 23 de Maio foi o meu primeiro mocó. Eu dormia sempre lá, mas uma vez eu vi um buraco e fiz um mocó, e comecei a dormir lá consequentemente. Nos mocós da 23 de Maio tinha muitos justiceiros. Eles chegavam, era só apontar a arma lá pra dentro e saíam matando. Era assassinato direto.

Os justiceiros metiam bala lá dentro. Naquele tempo, muita gente morreu. E os corpos eram enterrados como indigentes. A gente ou alguém chamava a polícia. Eles iam, pegavam o corpo e enterravam em qualquer cemitério, ou eles mesmos jogavam em algum lugar. Morreram vários amigos meus nessa época. Foi tanta gente que morreu nessa época que eu não sei nem contar, porque também aconteciam brigas de gangue. Funcionava assim: se alguém tinha uma treta com outro, ia até ele, matava e pronto. A treta acontecia por causa de rato de mocó, quando alguém rateava, quer dizer, roubava uma coisa do outro como faz o rato. Além de ratos de mocó, tinha estuprador, cagueta, pilantra. Os caras iam e matavam mesmo, enfiavam a faca, davam tiro, espancavam até morrer.

Na 23 tinha vários mocós. No começo, fiquei lá pra me familiarizar, e ia conhecendo um e outro, mas no final o mocó que eu arrumei ficava a cinco minutos da Sé, do fórum da Rua Maria Paula, perto da Avenida Brigadeiro Luís Antônio.

## Namorado gato

Uma vez eu estava indo do mocó pra Sé e conheci um carinha. O apelido dele era Zoio de Gato. Ele era menor que eu, era meu namoradinho. Eu tinha dez anos. Um dia, ele estava trocando uma ideia com um cara bem mais velho que ele. O cara estava "bolando" um baseado. Eles estavam fumando e me ofereceram. Na minha cabeça ficava um negócio dizendo "fuma" e o outro dizendo "não", como essa coisa de Tico e Teco: um dizendo "fica", "fuma", o outro dizendo "não", "vai". Eu estava com medo. Mas fui. E fumei. Era maconha. Logo depois eu senti fome, vontade de dar risada. Ria pra caramba. Não sentia mais medo, mais nada. Me dava prazer fumar maconha.

Uma vez fiquei namorando um pouco o Zoio, dando uns beijinhos. Os dias iam passando. No começo eu ainda estava feliz na rua. Era legal, eu estava me familiarizando, todo mundo me tratava bem. Eles diziam que eu era esperta, que eu não era daquelas meninas bobas. Eu era sabida. Depois veio a Glaucia com um saquinho de cola e me ofereceu. A Glaucia era branca, magrinha, bem magrinha, tinha um cabelo liso. A Vanusa, a amiga dela, era gorda, cabelo do lado, forte, meio sapatão. Então comecei a cheirar cola com elas. E adorei, foi mesmo legal.

Eu cheirava e depois sentia os bichos correndo atrás de mim. Ficava batendo o maior papo com a grama. Na Praça Patriarca, do lado da Rua Direita, tem um monumento, um homem bem grandão. Eu ficava cheirando cola olhando pra ele. Dali a pouquinho ele vinha andando atrás de mim. Eu saía daquele lugar e ele correndo atrás de mim. Na hora que ele ia me pegar, passava o efeito da cola. Então eu cheirava mais. Eu ficava olhando para as nuvens e via os anjinhos. Não sentia fome, não sentia frio. Não sentia medo. Com a cola, eu tinha coragem. Por isso eu gostava.

Nessa época, pra comer a gente pedia. Eu nem pensava em roubar, tinha medo. Tudo vinha na minha cabeça, porque minha mãe nunca me ensinou a roubar. Ela falava: "Você nunca pode roubar ninguém". Ela me dava esse recado: era melhor pedir do que roubar. Então, eu parei de pedir dinheiro pra comprar comida, mas pedia pra comprar uma lata de cola. Quando iniciei no fumo, comecei a pedir dinheiro pra comprar maconha. Eu comprava na Alcântara Machado, no sentido Mooca. Tem uma ponte, e eu comprava ali perto. Com a cola eu via bichos, com a maconha eu dava risada, sentia fome e dava umas viajadas um pouco diferentes da cola.

Fazia duas semanas que eu estava na rua, depois da primeira saída da Febem. Eu já sabia onde dormir. Já tinha visto alguns morrerem e aprendido que a gente não podia caguetar. Esse era o principal código que eles ensinavam pra nós, e que na rua é melhor estar com menor do que com maior.

## Leis da rua

Não podia caguetar, ratear (roubar do outro), não podia estuprar. Os meninos respeitavam as meninas que usavam drogas. Pra estuprador tinha um código bem forte. Cada lugar tem sua lei, cada lei tem que ser respeitada. Eu tenho que respeitar meu chefe e obedecer o horário

Esquina da Avenida Ipiranga com Avenida São Luís

combinado. Se faltar, tenho de ver as consequências com os meus amigos. Cada lugar tem sua lei, e na rua também tem lei. Então as meninas eram respeitadas pelos meninos, porque todos criam um vínculo. Pode dormir uma mulher e um bando de homem, com uma coberta só, que os meninos respeitam. E também porque a metade dos meninos vira noia, são poucos que conseguem. Às vezes tem uns que não respeitam, então os outros batem pra caramba, espirram o cara de lá e até matam.

Os caras que mexem com as meninas são os mendigos, mas são poucos, tem pessoas civilizadas, como o Tio Barbudo. Dos que não respeitam, tem até empresários e policiais.

Eu tinha que ficar esperta na rua, mas todo dia eu apanhava ou as meninas tomavam o meu dinheiro. Nesse tempo ninguém me protegia. Era muito difícil na rua. Pra aprender a gente tem que apanhar pra caramba, ainda mais quando a gente é bobinha, como eu, que era pequena. A lei era esta: apanhar até aprender a se defender.

**Paulista da cidade de Mirassol, TIO BARBUDO não diz seu verdadeiro nome. Criado com a família na região de Santo André, desde a década de 1960 está nas ruas.**

"Minha família é do interior e, de vez em quando, mandam alguma coisa para mim. Divido com as crianças o pouco que tenho, mas principalmente procuro dar um bom exemplo para elas, porque o mau exemplo existe em todo lugar. Mas os bons... são raros. A gente vê cada exemplo revoltante. Eu, por exemplo, já vi um padre agredindo uma criança em frente à catedral. Onde já se viu isso! É uma coisa que jamais vou esquecer.

Procuro ser um irmão dessas crianças. Porque sou da escola de São Francisco, e lá somos todos irmãos. A pomba é minha irmã, o rato é meu irmão. Todos somos irmãos de um mesmo mundo. Eu não faço mal para ninguém.

Sigo o exemplo do meu pai — ele comprava pão para dar aos ratos. Ele trabalhava aqui no centro e saía de casa às quatro horas da manhã, ainda estava tudo escuro. Os ratos circulavam na cidade de São Paulo, famintos. Ele passava na padaria e dava pão para os ratos. Ele me explicava que fome era a coisa mais terrível do mundo. Até um rato com fome é digno de pena.

> Fico contente em saber que tem outras pessoas que se preocupam com essas crianças. Gente que sabe gostar dos outros sem ter interesses. As pessoas que fazem o bem sem esperar pagamento, como os mercenários que existem por aí."

Às vezes alguém queria tomar o meu dinheiro e também apanhava, outras vezes eu estava dormindo, de madrugada, no maior frio, e eles tomavam a minha coberta e saíam correndo. Isso quando eu não tinha feito vínculos, ainda estava conhecendo o pessoal. Meu irmão, se estivesse na rua, não apanhava. Mas ele e meu primo estavam na Febem.

Naquele dia, com o Zoio e o outro cara, quando me apresentaram a maconha e depois da gente dar algumas tragadas, veio a noite. Eu e a Glaucia estávamos andando pela Praça da Sé, no chafariz de cima, onde a gente sempre ficava, perto do "ventinho". O ventinho é um lugar que fica perto do metrô e se chama "ventinho" porque vem um vento do metrô. Logo apareceu um cara baixinho, negrinho da minha cor, mancando. Ele chamou a Glaucia e falou: "Aí, Glaucia, tem um baseado aqui". Eu nem fumava maconha direito. Mas estavam fazendo um "arrastão" na praça. E eles pegaram a gente fumando maconha.

Nesse dia eu voltei pra Febem. Eu já tinha ficado uma vez lá, internada. Aquela Febem estava enchendo. Lá tudo era lento, o juiz não resolvia o problema da gente, demorava um tempão pra ele pegar os papéis.

## Febem de novo

Dessa vez eu fiquei na UAP3 uns três meses. Era um lugar pequeno, que depois foi reformado e ficou muito grande. Foi todo mundo pra lá. Todos ficavam misturados, no quarto dormia um monte de gente, tinha mulheres e meninas pequenininhas. Era um banheiro só pra muita gente, e vivia entupido. A gente trocava de roupa três vezes por semana. A roupa ia pra lavanderia, voltava, a gente colocava as roupas, mas todas meio sujas.

Quem aprontava ali apanhava, por qualquer coisa que fosse. Eles mandavam ficar em forma, todo mundo de mão na cabeça, sentadas, e a cabeça no joelho. Então eles passavam com um pedaço de pau, batendo em todo mundo, desde as pequenas até as maiores. Depois eles ficavam em fila dupla, cada um com um cabo de ferro ou pau na mão, e as meninas e mulheres tinham que passar por aquela fila. Eles só não matavam porque não podia matar mesmo. Era a maior humilhação. A gente ficava direto o dia inteiro sentadas no chão.

**LÚCIA DOS SANTOS foi monitora da Febem na época em que Esmeralda esteve internada.**

**Monitor x Internas**

"Como monitor, a gente tinha que se impor. Era difícil formar um vínculo com elas, mas, quando você conseguia fazer isso, tinha um relacionamento bom. Eu até tinha um bom relacionamento com as meninas. Era muito enérgica, mas tinha um lado da afetividade com elas. Dava a medida, e falava o porquê e a causa da medida.

Ao mesmo tempo, elas usavam um termo: 'estou fazendo uma', 'fazendo a minha para não apanhar'. Era jogar dos dois lados: dar uma de boazinha com os funcionários e com as outras meninas. São leis de sobrevivência da Febem."

**Medidas enérgicas**

"As 'medidas enérgicas' eram um castigo de ficar no quarto sozinha e fazer alimentação sozinha, ou até, de repente, apanhar mesmo. Bater era nesse sentido, ou em brigas, ou no caso de elas partirem pra cima de você e você ter que contê-las.

Tem umas adolescentes que são enormes. Quando ia tomar uma orientação, você tinha que estar com outra pessoa — um monitor ou outra monitora. Tinha que bater mesmo. Eram coisas desagradáveis, mas você tinha que fazer, às vezes.

Eu cheguei a apanhar no primeiro mês. Tenho três ou quatro B.Os. Chegaram a quebrar meu dedo. Eu tinha que aprender a me impor. Me impor era, às vezes, dar uns tapas numa menina que não era legal."

**Esmeralda**

"Com a Esmeralda, nunca precisei de medidas enérgicas. Foi à primeira vista. Quando entrei, pus meu pé na unidade, estava a Esmeralda e outras meninas.

Ela falou assim: 'Senhora, vem aqui'. Fiquei nervosa e falei: 'Eu?'. Ela respondeu que sim. Me aproximei e ela disse: 'Vamos jogar'. Começou assim, de você ir com a cara da pessoa. Logo a Esmeralda saiu. Depois, teve outras passagens."

Pra tomar banho era horroroso, eram horas na fila. Tinha três chuveiros, mas só um funcionava. Isso pra aquele montão de pessoas. Cada uma tomava banho, passava o sabonete rapidinho, quando tinha sabonete, e se trocava. Muitas usavam a mesma escova de dentes. Naquele tempo já tinha Aids lá, tinha muitas meninas com Aids. Era horrível também. Eu ia me familiarizando, porque tinha meninas da Sé ali, algumas maiores, que eram bambambãs mesmo, de tráfico, chefes de quadrilha, que a gente tinha que respeitar.

Eu começava a sentir a estrutura do poder lá dentro da Febem. Na hora de comer, às vezes as meninas tomavam nossa sobremesa. A gente tinha que dar. Todas acordavam mais ou menos às sete horas da manhã, tomavam banho e iam para o refeitório. Precisava fazer um monte de fila pra tomar café. À tarde a gente entrava pra tomar café lá pelas quatro horas. A gente tinha que ficar de bunda no chão, quietas, sem fazer nada, esperando uma parte das meninas acabarem o café. Então elas terminavam, sentavam e esperavam a outra fila tomar café, até todas tomarem. Depois o funcionário liberava a gente pra ir pro pátio.

No pátio, às vezes eu ficava brincando com barro. Eu gostava de brincar com barro, sempre gostei. Ficava brincando de fazer bolinho, de casinha, porque lá não tinha brinquedo pra gente brincar. Não tinha nada, ninguém estudava, não tinha nada ali. Às vezes eles liberavam uma bola pra gente jogar um vôlei. E só de vez em quando eles rodavam um vídeo. Televisão também a gente assistia de vez em quando. Tudo dependia do humor deles. Nos dias de visita, minha mãe ia lá, toda bêbada.

Uma vez eu fui pro cartório de lá e falei pro juiz que não queria ir embora pra minha casa, porque minha mãe bebia e batia em mim.

Tinha adoção na Febem. Os funcionários mandavam o grupo A, que era das pequenininhas até os 12 anos, fazer uma fila. O grupo B, que era de meninas de 12 anos pra cima, fazia outra fila. E o pessoal ia lá adotar criança. As pessoas diziam: "Quero essa daqui, porque tem olhos azuis, tem cabelo liso", ou então: "Essa daqui eu não quero porque é negra, essa outra vai dar problema...". E assim metade das minhas coleguinhas foram adotadas.

Era a maior discriminação na hora da adoção. Eu tinha mãe, mas podia ser adotada, porque o juiz tinha tomado a minha guarda na minha segunda passagem. Eu falava mesmo que minha mãe bebia, me batia. Minha mãe ficou superchateada porque contei que ela me batia. Ela ficou supermal quando fugi de casa, porque ela gostava de mim pra caramba. Parece que ela era louquinha, mas sempre tem uma filha com quem a mãe fica mais junto. Eu e ela éramos assim, só que eu não queria mais saber dela. Por isso fiquei nesta Febem uns três meses, até ir para o orfanato. Um tempo sofrido. Lá o pau comia mesmo, e era ruim também por causa das meninas doentes mentais. Elas eram birós, elas babavam.

Na minha ala moravam 250 meninas. Todo dia eu chorava, com saudades da Sé, das minhas colegas. Comecei a fazer amizades lá dentro. A metade das meninas da Sé, hoje, está morta, a outra metade está na cadeia. Poucas estão na rua. Eu criei um vínculo com as meninas, tínhamos a mesma idade. Na Febem eu não tinha um grupo meu mesmo. Eu ficava mais com as criancinhas, brincando com as meninas da minha idade. Às vezes eu ficava no grupo das minhas mães de rua. Com as minhas amigas, eu brincava de fazer casinha de barro.

## Detetive e ladrão

Tinha muito namoro lá. O que mais tinha era "homem". Eu não namorava mulher, mas lá tinha bastante "homem". As meninas namoravam com elas mesmas. Tinha menina que era sapatão e elas não gostavam mais de brincar de boneca.

Às vezes a gente brincava de detetive e ladrão. A gente escrevia "detetive" e "ladrão" e ia distribuindo os papeizinhos: quem era detetive tinha que buscar e prender o ladrão, que apanhava. Cada uma tinha que dar dez chineladas na mão da outra.

Eu já tinha aprendido a fumar maconha, porque as meninas falavam: "Quando você sair daqui, você faz isso, aquilo, aquilo outro". E ensinavam também como me defender, sem usar arma, só na porrada. Elas falavam que era "sair na mão". Tinha umas mães de rua que ensinavam, porque lá naquela Febem era horrível, todo mundo apanhava. Os funcionários eram cruéis, eles detonavam. E não dava pra reagir, porque vinham dez homens em cima da gente, pra dar de pau. Ia fazer o quê?

Lá funcionava assim: se você fazia uma bagunça, por exemplo, às dez horas da noite, ficava de cara pra parede a noite toda, até as dez horas da manhã, de pé, sem se mexer. Um dia, uma menina tinha ficado de castigo, eu cheguei nela e falei: "Ó, o tio Carlinhos deu outro castigo. Não é pra você ficar aqui, olhando pra parede". Então ela saiu. Mas era mentira. Ele veio, me pegou só com a unha dele, enfiou a unha em mim, bateu a minha cabeça na parede. Ele começou a me bater, deu umas porradas, porque ele tratava as meninas assim, detonando na porrada. A menina saía com o braço ou o dente quebrado, e, se estava grávida, perdia o filho. Tinha várias meninas grávidas lá dentro.

Ali a gente não estudava, não fazia nada o dia inteiro. Eu ia já projetando o meu mundinho, o que eu ia fazer quando saísse da Febem. Eu ia roubar, eu ia fazer pior do que quando me pegaram. Eu estava com raiva da vida, com raiva de tudo. Achava que tudo só acontecia comigo, mesmo vendo uma criança chegar lá toda queimada porque a mãe tinha jogado álcool e metido fogo.

Foi na Febem que conheci a Pizinha, a Claudinha, a Cotão. Conheci a Marisa, a Zelito, a Márcia. A Pizinha era uma das melhores amigas minha naquela época. Era morena, bonita, cabelo enrolado, bem enrolado, magra. E foi pega porque estava na rua cheirando cola. A Claudinha estava na Febem porque estava furtando. Mas a maioria das meninas estava lá por vadiagem, mesmo sendo pequenas como eu.

## Orfanato

Da Febem eu fui pro orfanato. Lá era rígido e também era horrível. Ficava em Diadema. Era rígido de tudo, de tudo. Até na cozinha. A gente tinha que aprender a comer de garfo e faca. Se deixasse cair grão na mesa, ia para um lugar onde eles colocavam as galinhas pra comer com a gente. Quem fazia xixi na cama apanhava. A gente aprendia a ser rígida também. E eu já estava desminhocada porque tinham zoado à beça minha cabeça naquela Febem. Fui mandada pra um lugar daquele pra me reeducar. Fiquei um tempo lá e parecia que ia morrer.

Então eles me colocaram na escola, mas eu tinha muito medo, porque, quando eu estava em casa e ia pra escola, eu cabulava aula, e um dia a minha mãe descobriu. Ela batia pra tirar sangue, um dia ela rachou a minha cabeça. Eu peguei trauma e achava que se eu cabulasse aula, se eu tirasse nota baixa, o pessoal ia rachar minha cabeça também. Eles me colocaram na escola e fiquei estudando durante um mês. Eu estava na segunda série, minhas notas estavam baixas, fiquei morrendo de medo de mostrar pra eles.

Um dia me deu a maior vontade de fugir, porque tinha que escolher aqueles sacos grandes de arroz e de feijão pra cozinhar. Eu era a maior preguiçosa, mas tinha que fazer um monte de obrigações que não me convinham, como limpar a casa.

O objetivo do orfanato era educar, arrumar o que a Febem tinha estragado. Eu fui pra aquela unidade, mas não gostei e fugi. Eu estudava numa escola pública, uma menina mais velha do orfanato me acompanhava. Naquele dia ela não foi, então, na hora do recreio, saí correndo da escola, peguei o ônibus Largo São Francisco e desci na Praça da Sé. Eu não gostava da escola, nem me lembro o nome dela. Eu me sentia rejeitada na escola. Peguei o ônibus pra Sé, e aí, sim, eu me senti à vontade.

Naquele período de Febem, eu tinha conhecido um grupo de amigas que foram me ensinando a viver na rua: "Se baterem, você tem que bater". Elas ensinavam com quem a gente tinha que se "localizar". A gente tinha, por exemplo, que se dar bem com a Fofão, da turma da Lazinha. A Lazinha era uma menina que ficava na Sé e todo mundo temia. Então, a gente tinha que fazer parte da turma dela pra se dar bem. Tinha de pedir pra andar com ela e daí começar a roubar pra dar pra ela. E ensinavam também que a gente tinha que odiar os policiais justiceiros da Sé, aqueles que matavam, os pés de pato, policiais ou outros justiceiros que são pagos por comerciantes. Lá no mocó da 23 era fácil matar, eles apareciam de carro, porque sabiam muito bem onde a gente ficava. Matavam ali mesmo ou levavam a gente pro moinho, que é a linha de trem. Punham um saco na cabeça e matavam.

## "Horror de homem"

Eu estava com mais ódio da vida e já estava mais esperta, não era tão bobona. Não estava indo pra rua querendo brincar, estava indo pra encarar a rua como ela era. Na Febem eles ensinavam que a rua não era do jeito que eu imaginava, um lugar legal, de diversão. Na rua precisava ter instinto de sobrevivência. Na rua é a lei do mais forte, tem que saber se virar, tem que saber se proteger, tem que saber onde você vai dormir, com quem você vai falar.

Eu estava com quase 11 anos, nessa época eu ainda não roubava. Uma semana depois de estar de novo na Sé, voltei com aquele meu namoradinho, o Zoio de Gato. Era esse o apelido dele, porque ele tinha olhos cor de mel.

A gente estava dormindo no ventinho, chegou um cara, baixinho, de cabeça meio chata, com uma bermuda branca, uma sacolinha na mão, um camisão cinza. Ele me chamou, dizendo: "Ó, tem um menino que eu queria chamar, só que eu tenho medo de ir lá. Se você for lá e chamar ele pra mim, eu te dou dez cruzeiros". Eu fui. Eu estava indo com ele, mas o lugar não chegava. Nós andamos, andamos, e ele sempre falando que estava chegando, que era mais longe. Acho que andei umas duas horas com ele. Eu queria comer, estava com fome.

Ele inventou que era amigo do menino que eu ia chamar. E eu caí na dele. Ele ia me dar uma grana pra buscar o menino, que era o irmão que tinha fugido de casa. Se ele fosse chamar o menino sozinho, o menino

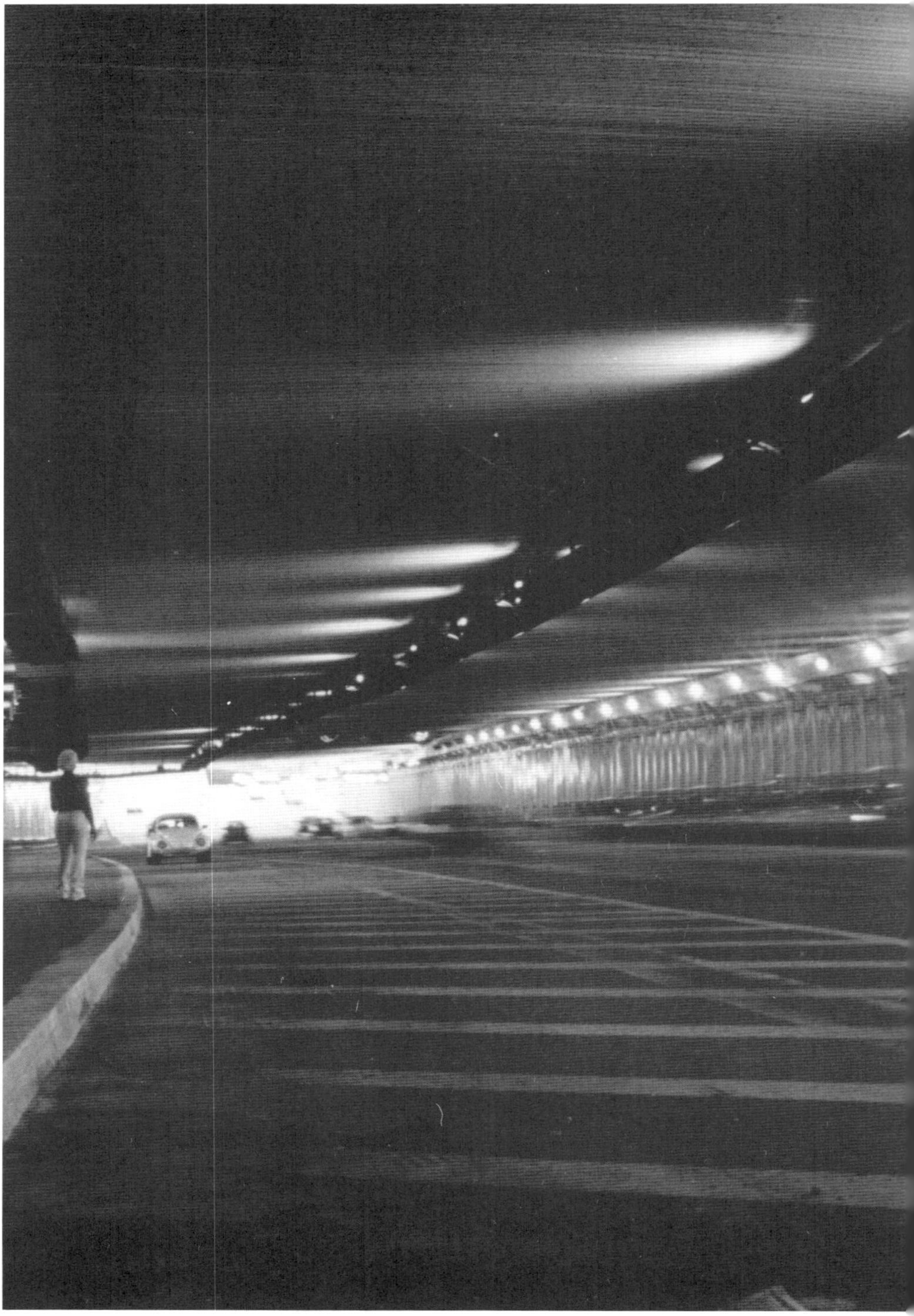

Viaduto no Vale do Anhangabaú

não ia com ele. E eu fui, totalmente inocente, jamais imaginava o que ia acontecer.

Nós andamos bastante, até chegar numa linha de trem. Ele falou: "É por aqui que ele fica". Acho que a gente estava ali no metrô, na estação Bresser. Era mais ou menos meia-noite quando saímos da Sé. Chegamos mais ou menos duas horas da manhã naquele lugar. Eu nunca tinha andado por aquela bocada. Nós fomos descendo a Sé, atravessando a ponte do Glicério. Ele ia me matar. Ele ia me estuprar e depois me matar. Ele ia me matar pra eu não caguetar ele. Se me deixasse viva, eu ia chamar a polícia.

Ele me jogou na linha do trem, colocou a faca no meu pescoço. Me agarrou à força, me bateu pra caramba. E abusou de mim. Falou pra eu ficar quieta, veio pra cima de mim, me jogou no chão, pra tirar a minha roupa. Eu saí correndo, mas não tinha como gritar naquela linha do trem. Tudo estava fechado, sem trem, sem nada.

Eu estava com uma blusa totalmente rasgada. Ele ficou a noite toda me batendo e transando comigo. Ele era forte, eu era miúda. Ainda nem roubava, era a maior medrosa.

Ele falava que estava com a faca, que ia cortar o meu pescoço se eu abrisse a boca. Ele ficava transando comigo com a faca no meu pescoço. Não dava pra eu correr dele na trilha do trem, porque não ia ter como pedir socorro, ele me pegaria de novo. Ele ficou ali a noite toda, depois ficou com dó de mim e me mandou ir embora. Eu saí correndo. Falou que se eu caguetasse ele, ele ia voltar e me matar. Como que eu ia caguetar se eu nunca tinha visto o cara? Eu falei pra polícia, mas a polícia nem acreditou. Eu não sabia nem descrever o lugar.

Numa outra vez, eu peguei um dinheiro e fui comprar cola no Parque D. Pedro. Eu estava louca de cola. Passou um carro, tipo um jipe, o cara parou. Era um senhor de idade, moreno. Ele parou o carro, me chamou, me oferecendo dinheiro. Eu fui. Ele me jogou pra dentro do carro, me levou para um lugar bem longe e me estuprou no carro dele. Eu não tinha forças pra me defender. Ainda era meio bobona e fiquei morrendo de medo. Os policiais da região não faziam nada. Eu tinha medo de falar com eles e achava que não ia mesmo adiantar pra nada.

Algum tempo depois, eu estava perto da cabine policial. Um senhor de idade me chamou pra tomar um café. Era noite. Ele me pegou e me levou à força pra um mocó lá no Parque D. Pedro e me estuprou lá. Ele me levou no braço. Esse senhor era polícia e eu caguetei ele, no outro dia mesmo, quando ele apareceu na Sé de novo. Estava tendo um pega, um cara estava sendo preso, tinha um monte de curiosos olhando. E eu também ali, como curiosa. Esse cara também estava e eu aproveitei e apontei ele. Falei pro policial: "Olha, esse homem me estuprou ontem". O cara falou que não era ele, e eu falando que era, ele falando que não era. Os polícias pegaram ele. Ele era branco, tinha mais ou menos uns 45 anos de idade. Tem muito tarado que anda na rua pra pegar menina.

Foi assim que comecei mesmo a pegar trauma de homem. Eu tinha medo, muito medo. Eu achava todos os homens escrotos, começando pelo meu padrasto, que tinha me estuprado até pouco tempo antes de ele morrer. Eu não me envolvia mais com ninguém. Dos dez até meus 19 anos, escolhi não ter relação com nenhum homem. Tive envolvimentos com mulheres, mas não deixava as mulheres tocarem em mim. Era uma espécie de namoro. Às vezes eu dava um beijo nas meninas, as meninas se apaixonavam por mim na Febem, mas eu não queria muito.

## Aprendendo a roubar

Depois das vezes que fui estuprada, comecei a andar com a Ivone. Com ela eu aprendi a roubar. Ela era loira, naquela época tinha uns 14 anos e morava na Sé. Era bonita, tinha os olhos verdes e andava sempre bem-arrumada. Ela dormia numa instituição que desenvolvia um projeto com menores de rua.

Comecei a andar com essa Ivone e o namorado dela, o Nego Timba. Ele era negro, com um narizão. A Ivone era mãe de rua. Não é senhora que é mãe de rua, é adolescente, é jovem. Minha mãe de rua era loira e muito bonita. Eu ficava com ela porque era temida por todos. E me protegia. Ela virou uma das maiores traficantes do centro, mas agora está na cadeia e não tenho aquele relacionamento com ela, não tenho aquele afeto.

Então comecei a ser filha de rua da Ivone e do Negão. A gente roubava muito. Ela era uma das que mais roubavam e nunca faltava nada. Tudo novo, comida, lugar pra dormir. Uma mãe de rua é um jeito de proteção, ou então, quando você cria um afeto por uma pessoa, diz: "Você é minha mãe de rua, você é meu irmão de rua". Você tenta substituir sua família por outras pessoas, criando um outro tipo de laço de família.

Tem mãe de rua que faz as crianças roubarem e vivem em função disso. Fumam pedra e só fazem isso. Depois de um tempo, quando fui ficando grandinha, com uns 12 anos, não tive mais mãe de rua. Isso foi logo depois que a Pizinha foi presa. Eu só andava com a Pizinha, era esquema dela. Eu roubava pra ela, arrumava droga pra ela, mas ela também roubava. Nós nunca tivemos relacionamento de namoro nenhum, desde pequenas. Era afeto mesmo.

Eu não gostava quando o pessoal me chamava de mãe de rua. Eles chegavam falando: "Ei mãezinha, mãezinha", e eu dizia: "Xi, filho não tenho, não". Eu protegia muito o pessoal, mas não tinha essas conversas. Eu considerava meus amigos uma família, mas não tinha essa distinção de quem era pai, quem era mãe, quem era filho.

Eu aprendi com pai e mãe de rua que os caras de rua são violentos. As mulheres não podiam nem olhar pro chão que apanhavam. Os caras de rua são assim, eles batem pra poder tomar respeito. Eles não mediam consequências, tacavam pedra, davam tiro. Metade das meninas ficava com os caras, a outra metade, ou se isolava de contato, ou então ficava com menina.

Quando comecei a aprender a roubar, eu tinha medo. No primeiro dia, quase borrei minhas calças. A gente ia pra uma loja, a Ivone falava: "Agora vou roubar e vou te ensinar a roubar. E é pra você meter a mão. Se a gente sair sem porra nenhuma, você vai ver". Eu falava: "Não, Ivone, eu tô com medo, a mulher tá olhando". Ela dizia: "Cata logo essa tralha, senão eu vou dar na sua cara". Ela ficava me dando beliscão, eu ia e roubava. Eu morava na rua mesmo, com a Ivone. Andando com ela, todo mundo me respeitava, ninguém mais batia em mim. Eu continuava na turma da Ivone, dava todo o meu dinheiro pra ela, e ela só me dava 1,50 ou 2 reais.

Uma vez nós fomos numa loja de eletrodomésticos pra roubar. Ela ia no faqueiro, pegava uma faca, eu ia, enchia uma caixa de roupa, daquelas em que vem panela de pressão, liquidificador. E a gente saía andando.

Naquele tempo a gente roubava relógio Champion e depois vendia mais ou menos por 10 reais. A gente não roubava pra comprar droga, roubava pra comprar roupa, bolacha. De vez em quando só era pra comprar uma maconha.

**HILTON JOSÉ DOS SANTOS, proprietário de uma banca de jornal na Praça da Sé na época em que Esmeralda vivia nas ruas do centro da cidade.**

**Como conheceu a Esmeralda**

"Conheci a Esmeralda na rua, roubando. Via ela sair correndo igual a qualquer moleque de rua que tem por aqui. Os seguranças saíam atrás dela."

**Como via a Esmeralda**

"Ela ainda era uma criança, pela idade dela. Mas, pelo que fazia, já era uma pessoa adulta. Novinha e já era líder dos moleques que andavam com ela. Se tinha alguma coisa para fazer — como roubar alguém, arrumar droga —, os moleques já chamavam ela, porque a neguinha tinha mais liderança.

Ela roubava bem mesmo. O pessoal morria de medo dela. Quando ela tomava o dinheiro de alguém, era difícil de contestar, porque a Esmeralda brigava e fazia escândalo com todo mundo que mexesse com ela.

As pessoas não conversam com os meninos de rua porque ficam com receio. Eu não. Eu era contrário ao que ela fazia, mas ela é minha amiga, independente do que fazia."

**Acredita na saída**

"Sempre acredito nas pessoas. Acho que todo mundo tem condições de sair da rua, como a Esmeralda saiu. Quando ela apareceu aqui (isso demorou um tempo; ela sumiu, achei que estava presa na Febem), chegou limpa,

> bonita. Eu nem acreditei. Cada dia que passava, ela aparecia cada vez melhor e mais bonita. Antes, ela não se vestia como mulher, sempre era um homem. Agora, começou a se mostrar — usa brinco, se pinta."

Com a Ivone, a gente roubava demais no Mappin, quase todos os dias. Eu tinha todas as roupas de marca. Os produtos a gente vendia pros intrujões, na Sé. Intrujão é quem compra coisa roubada. Você rouba, vai direto pra ele. E se você está roubando e a polícia corre atrás, no maior pega, você joga o relógio nas mãos do intrujão e ele segura o flagrante. Se você é preso, está sem flagrante nenhum. Ele te salva, depois você só vai lá no intrujão pegar o dinheiro.

Um dia, estava todo mundo reunido, eu estava no meio dos "patrões", os caras que comandavam a Sé. Estava o Nego Timba, o irmão dele e mais uns carinhas que já morreram. Fazia um ano que eu tinha sido estuprada. Eu estava lá no meio dos patrões, e o que aconteceu? Quem apareceu lá no meio? O cara que tinha me estuprado na linha do trem. Na hora eu lembrei da cara dele. Falei: "Olha lá, Timba, foi esse cara que me estuprou tal dia, tal, tal". Ele estava no meio dos caras que o Timba tinha pedido pra comprar maconha. O Timba ia matar ele, mas o cara jurou de pés juntos, fez o Timba acreditar que não era ele que tinha me estuprado. O Timba confiou desconfiando, mas eu já me sentia mais segura. Eu estava andando com o Timba, e aquele era o cara que tinha me estuprado. O Timba era forte e respeitado lá. Então o cara saiu fora, porque na Sé estuprador morre na hora. Na Sé e acho que em quase todo e qualquer lugar.

Quando chegou a noite, eu estava sozinha no banco, cheirando. Tinha acabado a minha cola e eu estava cheirando cola seca. Apareceram dois meninos. Um deles falou: "Vamos ali comigo comprar um saquinho de cola, eu te dou uma melada". A gente estava na Praça João Mendes, perto do fórum do menor, perto de uma pracinha. Ali é um lugar escondido, por isso geralmente as pessoas matam ali. E eu comecei a ir com ele buscar cola, e não sabia que tinham pedido pros moleques me arrastarem pra "crocodilagem". Crocodilagem é quando arrastam uma pessoa pra um lugar e depois matam. Eles iam me arrastar pra crocodilagem, pro cara me matar. Era como levar a caça, porque eu tinha caguetado o cara. Nessa que eu coloquei o pé na praça, me aparece o cara. Ele saiu detrás de uma árvore, com um cabo de luta. Mas eu consegui sair correndo, e ele não conseguiu me matar. Depois desse dia, nunca mais vi o cara. Contei o caso pra Ivone. Acho que ela contou pro Timba.

A gente roubava cada vez mais. E começamos a dormir num hotel. Eles alugavam um quarto, a gente não dormia mais na rua. O hotel ficava no Parque D. Pedro, era o Hotel Parque. Um pulgueiro. A gente tinha uma relação afetiva, mas não tinha sexo. Nesse período voltei uma vez para a Febem.

## Projeto Criança de Rua

Um dia o pessoal falou que existia um tal projeto, o PCR, que acolhia as crianças à noite. Comecei a frequentar o PCR e o Clube da Turma da Mooca durante o dia, porque já estava com medo de dormir na rua. A gente ficava o dia inteiro no Clube da Mooca, fazendo oficina até as cinco horas. De lá eu ia pra Sé e ficava até as sete da noite, cheirando cola. Davam oito horas e eu ia pro micro-ônibus. Então eles levavam a gente pra dormir no PCR.

Eu usava cola e maconha e continuava na turma da Ivone. Tinha também a Pizinha, que cheirava cola. Comecei a andar também com a Índia Márcia.

Nessa época eu já me sentia bem mais espertinha. Essas ideias já tinham saído da minha cabeça, eu estava em outra realidade. E fui aprendendo com as pessoas, formei a minha turma. Na Sé, encontrei pessoas com quem eu me identificava. Desde a primeira vez que fui pra Sé, eu me identifiquei com o lugar, com as pessoas. Aquilo não saía da minha cabeça. Desde pequena eu queria ir para aquele lugar. Eu pensava: "Tenho que ficar lá. Lá é o meu lugar". E porque fui, eu me sentia realizada, apesar de a barra ser dura. Se na minha casa eu sofria, na Sé também, mas eu tinha que escolher um dos dois lugares.

No Clube da Mooca eu fazia atividades e esporte. Tinha atividade de marcenaria, que eu gostava, tinha futebol, que eu não jogava, só de vez em

**PCR — PROJETO CRIANÇA DE RUA** — criado no governo Montoro, antes da vigência do Estatuto da Criança e do Adolescente. Albergue noturno para crianças e adolescentes de rua, localizado em um prédio de uma antiga escola na Marginal Tietê. Foi desativado entre 1993 e 1994.

**CLUBE DA TURMA DA MOOCA** — espaço com instalações de um clube. Vinculado à Secretaria do Menor, o projeto tinha o patrocínio da Comgás. Profissionais desenvolviam oficinas com crianças e jovens, buscando formas atraentes de tirá-los das ruas. As crianças permaneciam no clube durante o dia e à noite um ônibus as transportava para o abrigo do PCR. Entre 1993 e 1994 deixa de atender crianças de rua e passa a atender apenas adolescentes.

quando, e tinha piscina, que a gente adorava. Tinha também um funcionário chamado Tio, que começou a trabalhar lá e tocava cavaquinho. Ele incentivava a gente a ter aulas, ensinava cavaco, e tinha aula de bateria também. Todos os dias tinha aula: de culinária, de artesanato, e cada um se identificava com uma delas. Lá a gente tomava banho, trocava de roupa. Era um lugar onde a gente podia lavar a nossa roupa, guardar nossos pertences. Tinha atendimento, tinha uma psicóloga. Lá era legal com todas essas atividades. A gente recebia incentivo e ficava ali o dia inteiro.

Na hora de ir embora do Clube era a maior briga. Ninguém queria ir, mas tinha horário, era até as cinco horas da tarde. Nosso dia era preenchido. Quem dormia na rua pegava o ônibus, terminal Carrão, e descia no Brás. Do Brás ia a maior galera, todo mundo com um saquinho de cola, cheirando. A gente pegava o metrô, alguns iam na rabeira, outros na janela ou na escadinha. Às vezes iam uns vinte, dez voltavam, dez caíam, morriam, ficavam grudados nos fios. Porque a gente ia cheirando cola, lá em cima, perto dos fios. Numa parte do caminho, tinha que agachar. Como os meninos iam cheirando cola, viajando, caíam debaixo do trem. Os tios de rua tinham que ir atrás de nós. A gente ia pro Clube da Mooca, ficava lá fazendo atividade, tinha um monte de ônibus que levava a gente direto pro PCR. Uma vez, eu tinha uns 12 anos, estava zoando na rua e fui atropelada, quebrei a perna. Fiquei dois meses no hospital, voltei pro PCR e logo depois para a rua.

No Clube da Mooca tinha um pessoal que podia me ajudar. Mas eu não tinha casa, estava ainda em busca de uma mãe. Meu sonho era ter uma mãe, como todo mundo tem, uma mãe sempre presente. Eu sonhava com uma casa legal, uma escola legal. Eu não tinha namorado. Quando estava na rua eu nem pensava em namorar, o que eu queria mesmo era ter uma mãe. Eu tinha um sonho: ver um dia minha mãe chegando em casa, com um saquinho de leite, pão e mortadela. Era o meu maior sonho, mas isso nunca aconteceu.

Eu achava bonito, de manhã, quando eu acordava pra catar papelão, o pessoal sair da padaria com um saquinho de leite e pão. Eu ficava olhando, achava muito bonita aquela cena, eu achava aquilo fantástico, por mais que fosse uma coisa simples, porque hoje até eu posso fazer isso. Esse era o meu sonho quando eu era pequena. Não porque em casa a gente passasse fome, a gente se virava. De vez em quando, a gente comia pão com óleo, tomava chá de erva-cidreira, que tem em qualquer lugar. Mas na rua meu sonho era poder ter uma família decente.

**MARIA JÚLIA AZEVEDO, MAJU, foi educadora do PCR entre os anos de 1991 e 1993. Também trabalhou no SOS Criança (de 1993 até 1996) e no Projeto Travessia (de 1996 até 1998).**

**Esmeralda engessada e reclamando do PCR**

"Quando a Esmeralda chegou ao PCR, tinha sofrido um acidente, tinha sido atropelada e estava com a perna toda engessada, até o pé. Não podia andar, não podia pôr o pé no chão. Chegou e foi direto para a enfermaria. Ela devia ter uns 12 anos mais ou menos. Tinha saído na pista correndo e foi atropelada. Estava 'supercolada'. E foi para o PCR. As pessoas que trabalhavam lá já a conheciam. Eu não, eu a conheci nessa situação.

Minha aproximação com ela foi numa manhã. Era a saída para o Clube da Turma da Mooca, e ela queria ir para o clube naquele estado. A Esmeralda se jogou da cama, se arrastou no chão até a porta. Os educadores de rua não ficavam no pátio, essa era uma prática da Febem. Apenas os monitores ficavam. Foi uma coisa que comecei a fazer: comecei a ir para o pátio meio à revelia da direção. Era difícil, porque a direção não queria.

O que eles queriam era os educadores na sala, sentados numa mesa e atendendo os meninos do outro lado. Mas nesse dia eu saí e, quando vi, tinha um monte de monitores em volta da Esmeralda, ela se arrastando no chão, falando que ia para o Clube. Eu cheguei, não falei nada, coloquei ela no meu ombro, porque ela era muito pequena, e a levei de volta para a cama. E ela me xingando, falando muitos palavrões."

**SOS** — Teve origem na Secretaria do Menor, em 1987. Atendia crianças vítimas de violência doméstica. Os educadores visitavam as casas, conversavam com os pais, verificavam as denúncias. Quando necessário, solicitavam autorização judicial para tirar as crianças do ambiente familiar e encaminhavam-nas para abrigos, como o PCR, por exemplo. Atualmente esse papel é cumprido pela Secretaria Estadual de Assistência Social, por meio dos programas de Proteção Especial.

**Esmeralda dispersa**

"A Esmeralda ia muito para a rua. Era um contato muito difuso. Ela era uma menina muito cheia de vida, muito inteligente, mas de uma dispersão absurda. Era muito difícil envolvê-la em uma atividade. No Clube da Turma da Mooca, acontecia porque tinha aquela história de esporte. Era mais provável ela se envolver."

Continua na p. 104.

## Triste mas feliz

Quando chegava o sábado à tarde, todo mundo tomava banho no chafariz, por mais frio que estivesse. Minha vida era diferente. Era triste, mas era um pouco feliz, tinha um pouco de sentido. Então todo mundo ficava de roupa nova pra ir pro salão no final de semana. A gente ia ao Dramaticalis. Lá hoje é o maior risca-faca, um salão brega, ali na Vila Cachoeirinha. O Dramaticalis era o único lugar aonde a gente ia dançar.

Na rua a gente roubava uma grana a semana inteira pra comprar uma roupa legal, um tênis de marca. A gente comprava um sabonete, uma escova de dentes e tomava banho no chafariz da Sé, debaixo daquela cachoeira que saía. Os meninos tomavam banho no chafariz de

Vista do Vale do Anhangabaú

baixo, a gente tomava no de cima. As meninas não ficavam peladas na frente dos meninos. Eles sempre respeitavam, eles viravam de costas, porque era uma família. Por mais que fosse outra circunstância, a gente era uma família. Um respeitava o outro. A gente trocava de roupa, passava um perfume brega que comprava na farmácia. Os policiais enchiam o saco, mandavam a gente sair de lá, ou então jogavam a nossa roupa na água. Era a maior zica. A gente tomava banho, trocava de roupa, pegava o ônibus no Paissandu e ia pro Dramaticalis.

A gente dançava lá a noite toda. As meninas arrumavam namorados, paqueravam, zoavam, bebiam pra caramba. Era gostoso naquela época. No outro dia a gente ia pra Sé, catava papelão e ficava todo mundo bonitinho, arrumadinho dormindo lá na Sé. O pessoal passava, olhava a turma deitada, todo mundo de tênis novo, de jaqueta nova. Cada um queria colocar a roupa mais nova da moda.

De vez em quando a gente ia a pé pra Santos. Ia a pé porque não tinha documento. Éramos todos menores e com passagem pela cadeia. Demorava um dia pra chegar lá, porque a gente ia e voltava a pé. A gente levava droga de um lado, cola de outro, e ia cheirando.

Outra diversão era ir com os educadores de rua da GM pra fazer piquenique no Parque do Carmo. E uma vez nós fomos no cinema. Fomos ver os Trapalhões. Todo mundo se reuniu e fomos pro cinema. A gente ficava cheirando cola e olhando pra tela: *Os trapalhões na árvore da juventude*.

Nesse filme, eles eram velhos, passavam por uma ponte e ficavam jovens. Nós fomos porque a gente tinha uma colega chamada Amelinha, que eu conhecia desde a Febem, e ela estava louca pra ir assistir a esse filme. A gente andava como família, porque a gente se conhecia desde pequenas, era uma geração que estava se desenvolvendo ali na Sé. Um dia, a Amelinha falou: "Vamos todo mundo roubar, comprar uma roupa, a gente compra um baseado. O filme é de comédia, a gente fuma uma bomba antes de entrar e vamos dar risada". Então fomos assistir esse filme.

No Clube da Mooca tocavam pagode. A gente tinha um grupinho de pagodeiros. Eram todos pivetinhos da mesma idade, o Diógenes, que já morreu, e o Carequinha.

**4 O CRACK**

Chegou um dia em que a Pizinha começou a ser diferente. Ela era morena, cabelo enrolado, bonita, tinha o meu tamanho. Mas começou a ficar diferente: ela não agitava mais, não andava muito arrumadinha, começou a andar com uma turma lá na Rua do Triunfo. Eu desconfiei um pouco, porque eu gostava muito dela. Quando percebi, ela estava fumando pedra, e eu nem sabia o que era isso. Nunca tinha visto. Eu perguntei pra ela: "O que é isso?", e ela falou: "É uma pedra, é uma droga nova". Ela andava com uma turminha que usava pedra, e eu fiquei pensando nisso. Esse dia passou. No outro dia eu vi a Pizinha fumando pedra no mocó da 23. Um menino me ofereceu a "segunda", era o Carequinha. A "segunda" é a segunda tragada no cachimbo. Quando se fuma o crack, fica um pouco da cinza e também um pouquinho do crack derretido, a pessoa dá a "segunda", no cachimbo. Então eu dei, mas eu ficava aconselhando a Pizinha: "Sai dessa, sai dessa, faz mal".

## Sandrão

Nessa época eu comecei também a andar com a Sandrão. Eu dava bote, era trombadinha, roubava roupa pra sair, roupa boa pra visitar a minha irmã, aparecer lá bonitinha. Então um dia eu estava roubando na Sé, a Sandrão apareceu e falou pra mim: "Esmeralda, vamos dar um

**CLAUDIRA CLEMENTE, PIZINHA, foi presa por furto. No início de 2000, foi transferida para a Penitenciária Feminina Dr. Marina Cardoso de Oliveira. Foi liberta em 2005, depois de cumprir sua pena.**

### Apelido

"Não sei quem me deu o apelido de Pizinha. Foi na rua. Eu era muito alegre e começaram a me chamar assim."

### Dinheiro e furto

"A gente pedia dinheiro pros outros, mas depois aprendemos a furtar. Aprendi na Febem, na primeira passagem do Tatuapé. Aprendi um monte de coisas boas lá e um monte de coisas ruins."

### Como conheceu Esmeralda

"Quando conheci a Esmeralda na rua, ela não tinha com quem ficar, não tinha família. Então, ficamos juntas. Na rua, a gente teve que aprender muita coisa. Quando a Esmeralda queria ver a mãe dela, a gente ia na feira do bairro Santa Cecília (*a mãe da Esmeralda colhia restos de comida nessa feira*). A gente cuidava da Esmeralda, eu e minhas irmãs. A gente vivia junto. Até na primeira passagem pela prisão, ela estava comigo. Foi em 1996. A gente conheceu o presídio, ficou assustada. Ela falou que era de maior pra ficar comigo. Nós aprendemos muita coisa boa, mas mais coisa ruim. A gente não se desgrudava, se protegia assim."

### Drogas

"Na rua, às vezes a gente roubava. Às vezes, ia pra Praça da Sé, onde uma cuidava da outra. A gente usava droga, maconha, cola e crack. Hoje, tenho pavor de cigarro.

A gente cheirava latas e latas. Se não fosse Deus, era um barril de cola. Era só o começo. A Esmeralda falava que cola e maconha é coisa de criança. Não me furei e só experimentei cocaína. Mas eu era movida por cola. Quase perdi minha perna cheirando cola. Tenho um monte de pinos no tornozelo. Sofri um acidente. O crack veio quando eu já tinha 16, 17 anos.

Só por força divina eu saí do crack. O crack detona as pessoas. Eu estava superdetonada. A primeira vez que saí da Febem, eu estava com setenta

> quilos. Quando você está dominada, você perde tudo. Me arrependo muito. Voltei pra cadeia com quase quarenta quilos. O prazer do crack é só o de roubar e querer mais droga. É só isso."

rolê aí? Vamos dar uma ripa?". Não fazia muito tempo que eu tinha saído da Febem. Nesse encontro na rua, a Sandrão pediu desculpas pra mim, porque a gente tinha tido uma treta na Febem. Nós esquecemos da treta, ela me chamou pra roubar. E nós fomos roubar juntas.

Sandrão era uma sapatão que eu tinha conhecido na terceira vez que fiquei internada. Eu já não ia pra UAP3. Já tinha a UAP4, uma unidade pra crianças mais velhas. Lá era um quadrilátero onde rolava de tudo. Rolava droga, mas não rolava ainda o crack.

Na rua eu não costumava brigar. Só batia nos mais fraquinhos. Mas daquela vez, ali na Febem, eu saí na mão com a Sandrão. Fazia o maior frio, eu não tinha blusa de frio, estava descalça, com uma bermuda que me deram. As roupas lá na Febem eram do mundão. Como não tinham outra roupa pra dar, me deram a bermuda. A Sandrão chegou com um elástico e deu na minha nuca. Ah, meu sangue subiu e eu fui pra cima dela. Eu pensei: "Eu vou apanhar, mas ela vai levar, ela vai".

Eu tinha pouco mais de 12 anos, ela tinha 17. Daí pra frente todo mundo passou a me respeitar, porque ela era temível, mas eu saí na mão com ela e eles viram que eu era pivetinha, mas não "dava boi". Ninguém mais me batia, eu não lavava mais roupa de ninguém. Antes eu tinha que fazer, por exemplo, mais de mil chapeuzinhos de festa pra bancar as meninas, comprar creme pra elas, leite Moça pras minhas mães de Febem. Mas, depois da briga, ninguém mais mexeu comigo.

A Sandrão me pediu desculpas porque sabia que estava errada. Mas na rua fomos roubar juntas. Roubamos um Technos de pulseira de aço e vendemos por trinta paus. Eu falei: "Sandrão, nós fizemos essa fita, agora você vai ver o que você vai comprar, certo? Porque eu vou comprar uns negócios pra mim".

Eu queria comprar umas roupas. E continuei: "Depois a gente se tromba pra roubar mais, quando o dinheiro acabar". Ela dizia: "Não, não, fica aqui comigo. Vamos comprar uma pedra pra fumar". E eu: "Que pedra, Sandrão, não quero saber de pedra, não". E ela: "Porra, meu, vamos lá". Eu falei: "Pô, você tá nessa de pedra?". Nesse meio-tempo, minhas amigas vieram conversar, mas como eu não estava fumando pedra, e elas estavam, era diferente o meio de comunicação: quem fuma isola quem não fuma.

## Com a turma

Então comecei a usar crack com a turma. Eu pensava que em mim nunca ia entrar essa de crack, porque via os meninos do crack "descabelados", sem tomar banho, se humilhando por causa de uma pedra.

Eles faziam qualquer coisa pra fumar uma pedra. Então eu falei pra Sandrão que nem ligava se ela queria ficar ali se descabelando por causa de pedra. Eu disse: "Nem me ligo em você, eu considero você de mil anos, desde pivete a gente se conhece, e você agora tá fazendo isso". Ela disse: "Que nada, Esmeralda, tô fumando pedra, mas é o seguinte. Eu sei me controlar. Vê se eu tomo. Eu não, tô limpinha. Vê se eu tô suja". E eu disse: "Mesmo assim, meu, hoje você tá fumando crack, amanhã ele vai te fumar, Sandrão". E ela: "Que nada, Esmeralda, vamos lá, meu!". "Não vou, não. Se quiser, dou a minha parte pra você. Você fuma, depois nós se tromba, rouba de novo, mas não vou com você, não". E ela: "Não, vamos lá, vamos fumar uma pedra, meu, não é tudo isso que você pensa".

Eu comecei a falar que tinha medo. Sabia que ela queria me manipular. Continuei dizendo que tinha medo, que aquilo podia dar overdose. Eu ouvia falar que crack mata, é uma das piores drogas. E se na minha primeira pedra me desse overdose? A Sandrão continuava: "Não, vamos lá que você vai ver". Ela ficou insistindo até eu aceitar. A gente estava com trinta paus, a gente ia fumar 15, ia ter 15 pra fumar depois. Eu falei: "Ó, Sandrão, vou com você, mas você vai fumar e eu vou ficar te olhando. Depois nós vamos embora". Ela: "Tudo bem, vamos lá". "Sério mesmo, Sandrão?". E ela: "Sério".

## Barulho na cabeça

Eu tinha 13 anos e dei o primeiro pega de verdade. Ficou um barulho estranho na minha cabeça. Eu fumei só por fumar e disse que não ia fumar mais nada. Eu disse: "Vamos cair na correria, que é o seguinte, vamos se adiantar, se atrasar não dá". Ela disse: "Não, vamos catar mais uma. Quanto você tem aí?". Eu falei: "Tenho 15 paus, meu". E ela: "Pô, vamos fumar mais uma pedra". Falei que aquele barato não dava porra nenhuma. Ela insistiu pra gente pegar mais uma pedra pra fumar. Eu falei que não estava a fim, mas ela insistia. Então eu fui e peguei mais um "pino", que a gente chama também de "papel", uma pedra de crack. Nós fumamos aquele papel. No primeiro pega não deu nada, no segundo pega não deu nada, no terceiro pega ela colocou o maior montão pra mim. Eu falei pra colocar pouco, que eu tinha medo de overdose, medo que a minha língua enrolasse. Eu colocava a língua pra fora, olhava pros lados, pra ver se não tinha polícia, e falava: "Sandrão, segura minha língua que eu vou dar um pega". Não tinha como, tinha que colocar o cachimbo na boca, então comecei a entrar na noia que eu ia morrer de overdose. Fiquei morrendo de medo, de medo, de medo... Depois vi que não tinha morrido.

A Sandrão continuava me convidando pra roubar mais, pra gente fumar mais pedra. Naquele mesmo dia nós roubamos. Eu falei que a gente ia roubar pra fumar mais um papel e ficar sossegadas, e depois parar. A gente era ligeira. Ali não tinha quem roubasse mais do que nós. Tinha uma mulher moscando, com o dinheiro na mão, já logo demos um bote, já corremos, e já era. Catamos mais um papel e fumamos. Eu fiquei na "light", numa boa.

Ela era sapatão, mas a gente nunca chegou a ter uma relação de namoro. Era relação de amizade. Todo mundo passou a me cobrar: "É, Esmeralda, você tá fumando pedra, né? Vou falar pro Marcelinho". Meu irmão estava na rua, e ele estava fumando pedra primeiro que eu. Eu respondia: "Vai falar pro Marcelinho coisa nenhuma, cara. Você sabe que meu irmão tá fumando pedra". Meu irmão era respeitado ali. "Se ele ficar sabendo que eu tô fumando pedra, você tá ferrado. Vai tomar tiro. Meu irmão vai meter bala em você. Ele vai me bater e vai me colocar

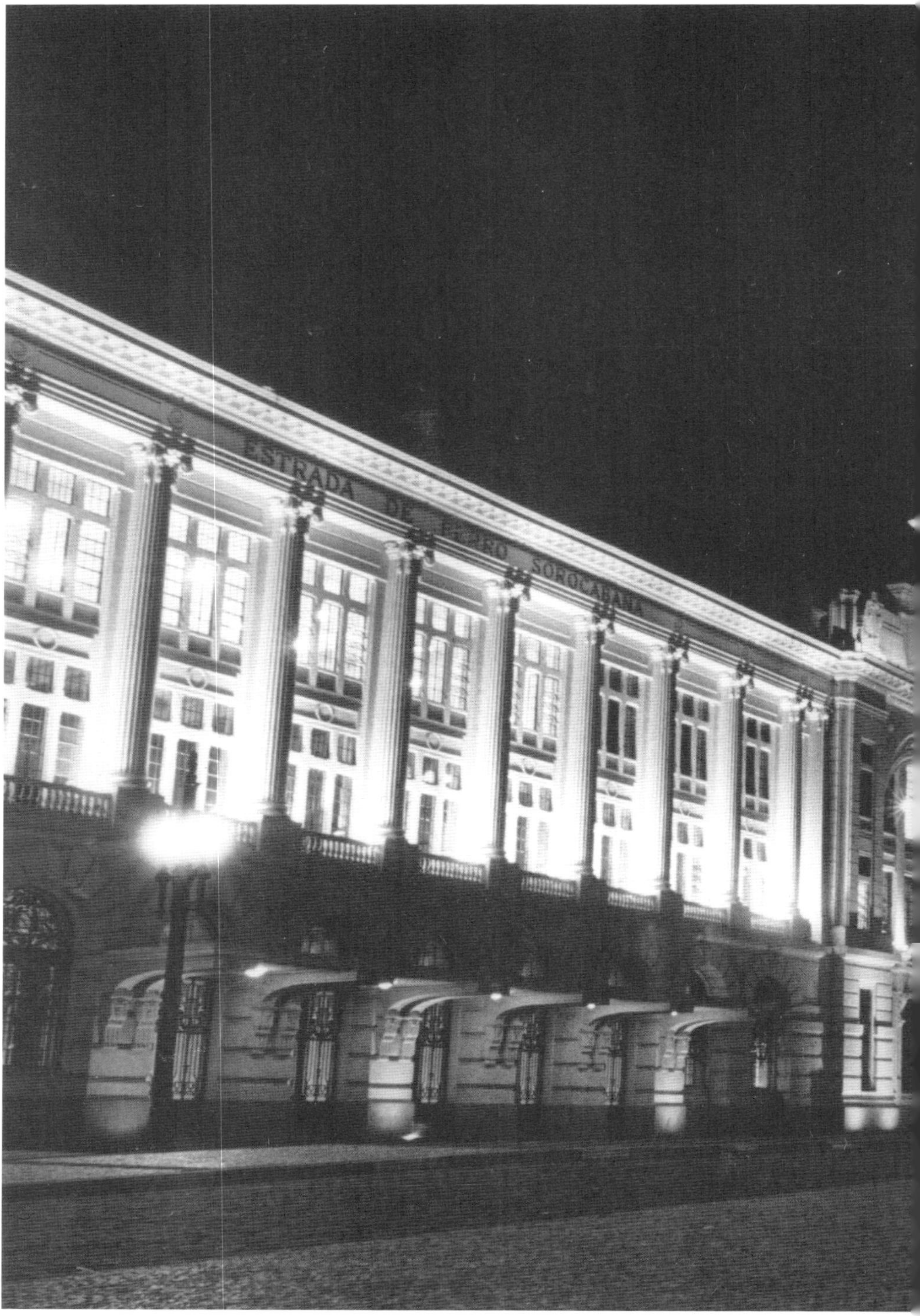
ESTRADA DE FERRO SOROCABANA

Estação Júlio Prestes

pra ir embora pra casa. Eu não quero ir embora". Então eles me pediam pra eu arrumar um pedacinho. Todo mundo queria fumar.

No começo eu quase não sentia nada quando fumava. Depois comecei a sentir. Quando fumava, eu entrava num pânico profundo. A gente se preenche por um momento, mas é rapidinho. Na hora que dá o "tuim", preenche, a gente entra na noia, os olhos ficam arregalados. São uns cinco segundos de prazer, dali a pouco acaba. É mais gostoso do que leite Moça. É mais prazeroso, mas o crack deixa uma sensação de que alguém está querendo correr atrás da gente, que tem polícia atrás, que tem alguém te olhando debaixo da porta, que sua língua vai enrolar, que tem bicho entrando na sua roupa. Eu começava a correr, tinha mania de perseguição. Quando acaba essa mania de perseguição, em seguida vem a obsessão: "Quero mais, quero mais, quero mais". Isso não para. Quanto mais você fuma, mais vontade vai dando. É pior que uma sede. A gente tem que ter a droga toda hora mesmo.

## Cada vez mais

Depois de um tempo, comecei a entrar na noia de roubar, porque eu queria, queria mais. Eu dava um pega e sentia o "eu quero mais, quero mais". Acabava a droga e tudo ficava sem graça. Eu tinha descoberto uma droga legal. Então eu vivia pra usar. E pra isso eu precisava roubar.

A minha vida foi mudando. Eu comprava droga em qualquer lugar e onde eu achasse. Se não tinha por perto, ia pro outro lado da cidade.

Quando eu usava drogas, principalmente o crack, a sensação era que eu estava entrando num mundo diferente. Eu começava a entrar em estado de pânico. O medo estava sempre presente e a minha noia era que tinha bichinhos andando pela minha roupa, como muquiranas e taturanas, e policiais e justiceiros querendo me matar. Então eu acabava de dar um pega no cachimbo e saía correndo, imaginando aquele monte de policiais correndo atrás de mim. Ou então eu me escondia atrás de alguma porta, ouvindo passos dos justiceiros. Isso durava apenas uns dez segundos, depois a noia passava, tudo voltava ao normal, eu queria mais.

A insatisfação era enorme. Formava-se um triângulo: obsessão, compulsão e uso. Cada vez que eu usava, mais eu queria. Eu vivia pra usar e usava pra viver, e assim eu mergulhava na monotonia. Às vezes ficava uns dois meses sem tomar banho. Perdi o amor-próprio e pelas pessoas, e o pior: perdi a dignidade.

O crack pra mim era tudo. Eu colocava a droga em primeiro lugar, e tudo que eu fazia não era por mim, mas sim pra sustentar o meu vício: roubava, vendia drogas, mentia. Com o meu egoísmo, ofendia as pessoas que gostavam de mim.

No começo até que era bom, pois o pessoal me dava droga direto, mas depois eu tinha que pagar se quisesse mais. Então comecei a cometer várias insanidades, nem eu mesma acreditava. Colocava a minha vida em risco por causa de 100 gramas de crack.

Apesar de achar que era mais forte do que a droga, mesmo assim ela sempre me vencia, e eu só perdendo pra ela. Às vezes eu estava com 10 reais, duas semanas sem comer, mas não tirava 50 centavos pra comprar um cachorro-quente, porque o traficante não ia aceitar vender drogas pra mim faltando 50 centavos. Então eu deixava de comer pra usar a maldita droga.

O pior era que quando amanhecia todo o pessoal que estava usando drogas comigo ia embora e só eu ficava ali, parecendo um bicho na ânsia de querer mais drogas. A loucura passava, a movimentação começava e eu ali, toda suja. Não aguentava ouvir o canto dos pássaros, aquilo me irritava, além da vergonha, pois as pessoas que passavam perto de mim atravessavam a rua ou saíam correndo, com medo de eu roubar as bolsas delas. Isso me irritava.

## Disfarçada de homem

Pra mim não existia mais isso de viver sem droga. Então eu aterrorizava o centro da cidade por causa de 10 reais. Eu roubava qualquer um que estivesse na frente. Às vezes eu estava com tanta fissura que via um policial parado na minha frente e ficava pensando: "Vou dar um bote no revólver dele, vou sair correndo, vou lá na boca e troco por uns cinco papéis, uns dez papéis. E vou fumar sozinha". Meu irmão fez isso uma vez. Tentou dar bote num policial, mas o revólver estava grudado no chaveirinho. Ele apanhou tanto, coitado.

Eu cheguei a andar armada com revólver, mas nunca atirei numa pessoa. O revólver não era meu. Comecei a usar depois do crack. Uma vez eu apontei pra um cara, mas o cara sacou, apontando pra mim. Então eu abaixei a minha arma e saí andando. Ele também não falou nada. Guardou a arma dele e saiu andando. Eu andava com faca, também, mas preferia roubar à mão livre. Porque, se os policiais descobrissem que tinha alguém roubando à mão armada ali na Sé, eles matavam. Muitas pessoas morreram por causa disso.

Um dia comecei a andar como homem na rua. Eu me vestia como homem porque era um meio de eu me proteger, pra que os homens, quando eu estivesse dormindo, se confundissem. Pra me parecer com um homem, eu cortava o cabelo curto, usava calça larga, jaqueta, tentava imitar o jeito. Eu não falava que era mulher. Então todo mundo achava que eu era homem.

De vez em quando, quando eu estava na Febem, eu ficava com algumas meninas, mas preferia não ficar com ninguém. Ficar com menina não era aquela coisa. Eu ficava, mas não era por preferência mesmo, ficava por ficar. Ali na rua eu falava que era homem. Eu agia como homem. Muitas vezes, quando eu ia pra Febem, eles me levavam pra unidade masculina. Na rua nem todos sabiam, principalmente as meninas novatas que chegavam na Sé.

## Disputada pelos traficantes

Com 14 anos comecei a vender crack. O traficante aparecia e me dava muitas pedras de crack. Andando com a Pizinha, comecei a ver como que era traficar. Eu era descabelada. Pegava seiscentas pedras e fumava tudo. Então vinham os traficantes na Sé.

O acordo com eles era o do meio a meio. O papel custava 15 reais. Eu pegava seiscentos papelotes. Trezentos eram meus e tinha que vender trezentos. O que não vendesse tinha de devolver. Então eu pegava a pedra, dividia e vendia cada pedaço pelo preço de uma inteira. Eu multiplicava: vendia seiscentas das minhas, no total ficava com mais ou menos uns novecentos papéis.

Eu vendia pra um, vendia fiado pra outro, ficava com as minhas partes, e tinha dinheiro pra caramba. Então o papel ia acabando, eu ia fumando e fazia presença pra um, fazia presença pra outro. Quando eu via, tinha acabado tudo.

Eu traficava no centro: na Sé, no Vale do Anhangabaú, na República, e de vez em quando no Parque D. Pedro. Eu guardava na calcinha, um lugar onde os policiais não metiam a mão. Alguns policiais também usavam crack, mas eles não tiravam de mim. Quando eles iam tomar de mim, eu dava o maior escândalo. Eu corria pro meio da multidão e, quando eles iam me pegar, eu gritava: "Eu não vou dar pedra pra vocês, seus filhos da mãe. Eu não sou obrigada, eu não tenho pedra pra dar pra vocês. Vê se eu tenho pedra. Só tenho o meu cachimbo". O policial ficava perdido, dizendo: "Cala boca, cala boca", e aí eu saía correndo.

Tinha até barão que comprava. Tinha advogado, juiz, polícia. E gente que eu nem sabia quem era. Eles vinham com carro importado. Durante um bom tempo, eles mandavam um outro cara pegar a droga pra eles.

Os policiais sabiam que eu era noia, viciada. Mas eu andava toda muquirana: andava descalça, com coberta nas costas. Era um jeito pros policiais jamais descobrirem que eu traficava.

Só de vez em quando eu comia, porque a droga tira a fome. A comida não desce, nem ferrando. Eu ficava quase duas semanas sem comer uma refeição. De vez em quando, comia uma banana, uma laranja ou um pacote de bolacha.

Os traficantes me disputavam, porque eu vendia e pagava pra eles. Eu vendia bem pra eles. Eles falavam: "Esmeralda, vou deixar tanto com você, e tal dia você vai ter que vir aqui. Quero o meu dinheiro na mão". Então eu descabelava. Se não tivesse o dinheiro, eles costumavam espancar e até matar.

Eu mesma não conhecia os traficantes, só conhecia quem chegava com o material: o "mala". Eu nem sabia onde eles moravam. Eles deixavam na mão de uma pessoa, pra pessoa me dar.

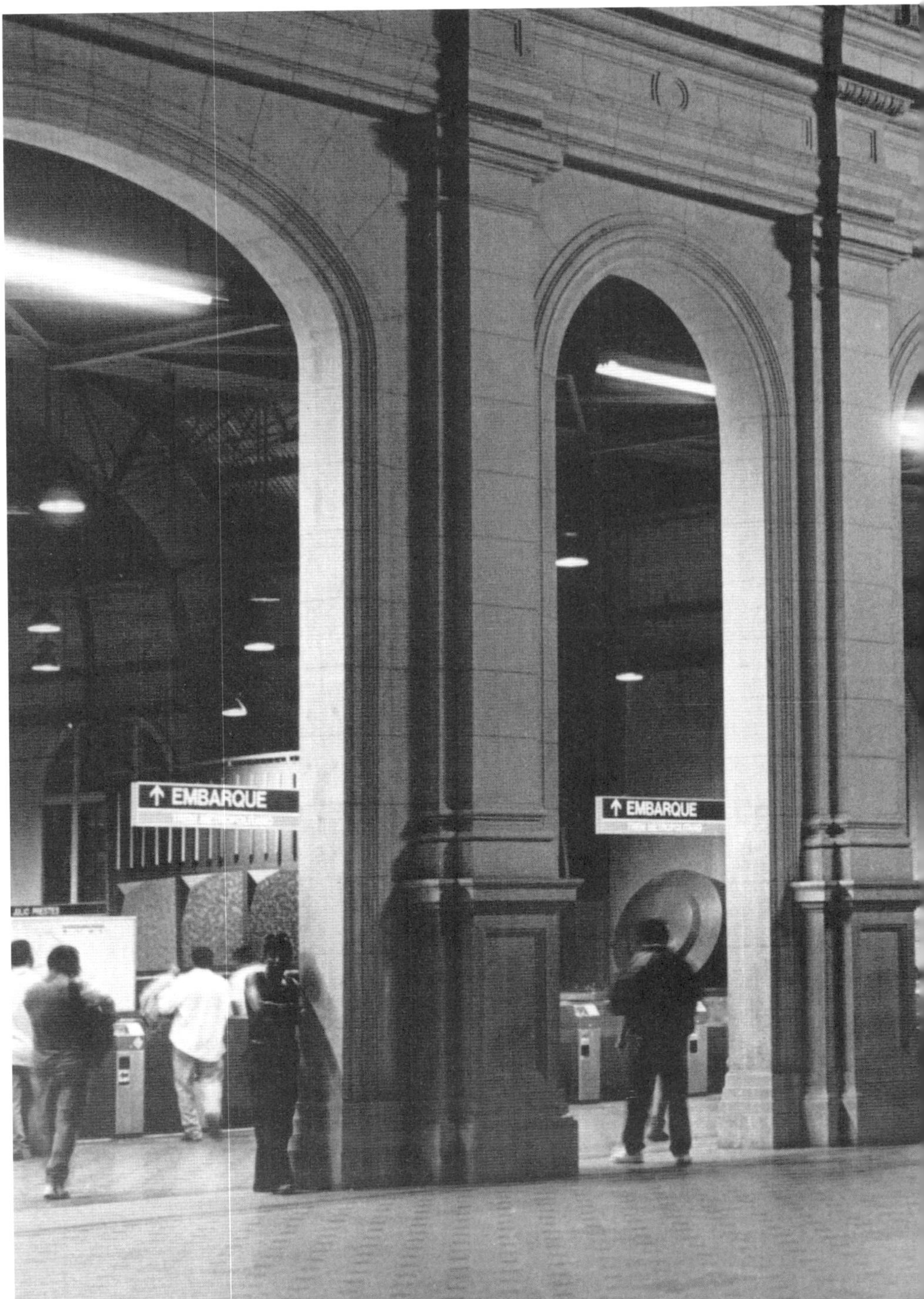
↑ EMBARQUE
↑ EMBARQUE

Estação Júlio Prestes

Eu não gostava de traficar, porque a minha noia era roubar, onde eu estivesse. Podia ter até mil reais na mão, ter droga dentro da calcinha, que eu dava um "pega" e tinha que roubar. Não sei por quê. Eu tinha que roubar. Cada um tem um tipo de obsessão, a minha era roubar.

## Suja e magra

Chegou um tempo que o crack não me preenchia mais. Mesmo fumando, comecei a me sentir uma pessoa vazia. Eu não tomava mais banho, não saia mais, não comia. Andava que nem zumbi. Eu estava dormindo

---

**MAJU** *(continuação da p. 86)*

**Esmeralda no SOS**

"No SOS, vi a Esmeralda novamente. Ela foi levada algumas vezes para lá, como carente. Me lembro de apenas uma vez em que a Esmeralda deu entrada como infratora."

**Ser pega para ser cuidada**

"Depois, no Travessia*, numa conversa com a Esmeralda, soube que, quando estava muito detonada na rua, ela acabava se deixando pegar para ser cuidada na Febem. Diversos garotos tinham essa estratégia. Uma estratégia de vida mesmo: quando estavam muito ruins, se deixavam pegar para poderem se cuidar.

Por exemplo, você vê um grupo de adolescentes que passa a cheirar cola na porta da delegacia. Não dá para fazer uma leitura só de contestação e desafio. Há, junto com isso, uma ambivalência de que alguém tem que cuidar deles, porque aquilo está ficando insustentável. Se quisessem outra coisa, poderiam cheirar cola a duzentos metros dali. O Pátio do Colégio foi isso durante algum tempo. Eles fumavam na porta do 1º DP para serem pegos. Eu acho que essa ambivalência é uma coisa muito presente sempre."

---

* Ver p. 127.

na rua, porque o PCR estava desativado. Eu vivia pra usar a droga, sentia um buraco. Quando me deparava com o meu eu, eu me sentia horrível. E roubar então passou a ser um tipo de aventura. Tinha um monte de gente correndo atrás de mim, eu saía correndo deles, e ninguém conseguia me pegar no pinote. Eu corria ligeiro, era uma bala perdida.

A galera dizia que eu era "sangue B", porque tudo que vinha eu topava. Mas eu já não era mais como antes. Eu era uma outra Esmeralda. Eu não sorria mais. Tudo que eu fazia era só quando estava sob o efeito da droga. Sem o efeito da droga, eu me sentia mal.

Eu gostaria de morrer, mas não tinha coragem de me matar. Eu era a maior covarde. Queria morrer de overdose. Achava que todo mundo que morria de overdose era guerreiro, ia pra um lugar onde todo mundo consagrava como "sangue B", um "ponta firme".

Seria mais fácil colocar a pedra, fumar, dar um pega e morrer com satisfação, do que enfiar uma bala na minha cabeça. Eu queria morrer de overdose porque sabia que eu não ia sair mais daquela vida, que tinha entrado num beco sem saída, numa situação em que eu não deveria ter entrado.

O Clube da Mooca também tinha parado de atender as crianças como fazia antes. Eu tinha deixado tudo mesmo pra viver aquela vida, que era muito vazia. Eu chorava todo dia.

Eu continuava roubando. Fui pega várias vezes, fugia, era pega novamente. Nunca cheguei a ser mãe de rua. Eu me considerava um lixo. Se o pessoal me chamava de mãezinha de rua, eu já ia falando que não tinha filho.

E filho mesmo eu tinha medo de ter. Achava que não era o momento, que, se eu tivesse um filho, ia tratar pior que a minha mãe tratava. Eu tinha colegas com filho. Elas fumavam crack, era horrível, deixavam os filhos no meio da Praça da Sé e iam fumar pedra. Ficavam duas, três horas sem aparecer.

As crianças, filhas das meninas, ficavam lá, deitadas na grama, com fome, comendo bituca de cigarro, chorando. Não tinha nada pra elas se alimentarem, comiam tudo que viam no chão e ficavam doentes. A Índia Márcia era linda, parecia uma índia, morena, linda, baixa, com o maior corpão, superdez. Ela ficou grávida, teve uma filha. Num dia

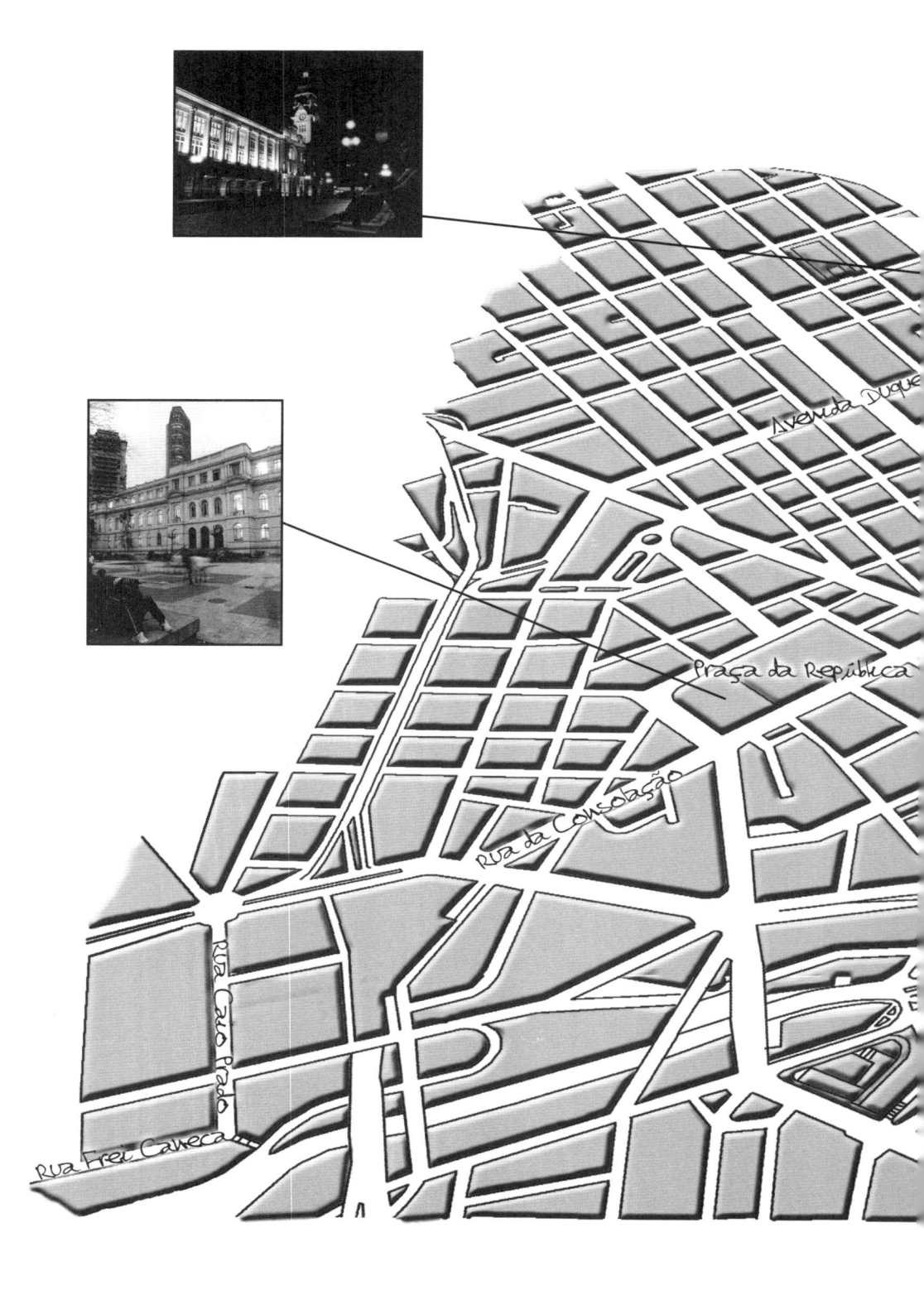

Avenida Duque
Praça da República
Rua da Consolação
Rua Caio Prado
Rua Frei Caneca

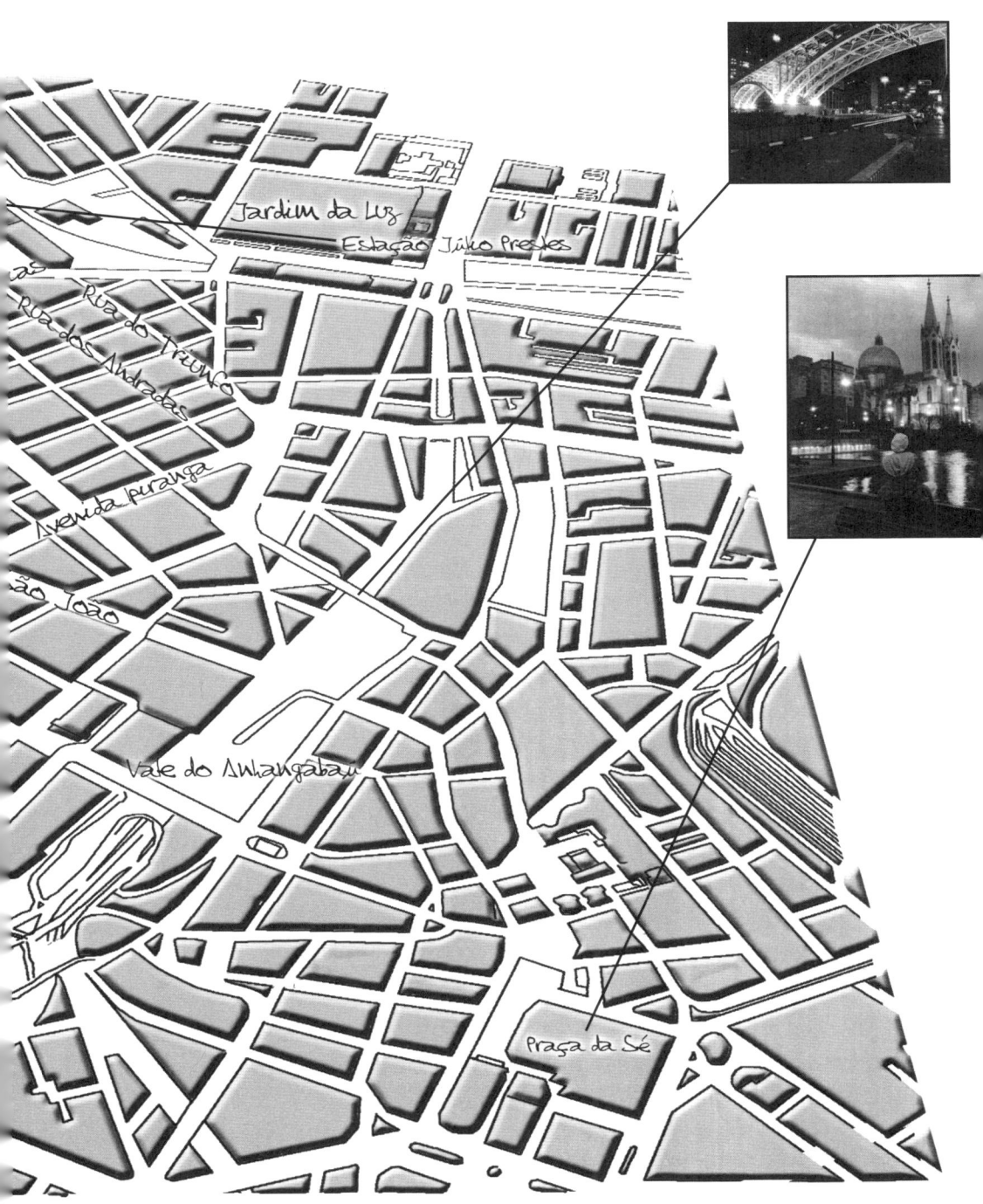

São Paulo: centro expandido

muito frio, ela estava dormindo debaixo da ponte, só com um xalezinho. Embrulhou a menininha, colocou ela pra dormir sozinha e foi fumar pedra. No outro dia, quando ela voltou, a criança estava morta. Metade das mães faziam isso. A Verinha também teve um filhinho. O menino chorava de fome e ela batia nele. O dinheiro do menino ela comprava em pedra, a roupa dele ela "passava na seda".

Eu não tinha lugar fixo, cada dia ficava num lugar. Então comecei a colar num casarão ali na Frei Caneca. Na frente de um hotel ficava o casarão, que estava invadido e agora foi derrubado. A gente dormia na Sé, e os policiais espirravam nós. Quando estava sujo na Sé, a gente ficava no Vale do Anhangabaú. Quando estava sujo no Anhangabaú, a gente ia pra Frei Caneca. Quando estava sujo na Frei Caneca... A gente era meninos sem-terra.

Ali no casarão tinha um casalzinho com um filhinho, a coisa mais linda. Eles pediam dinheiro pra comprar leite pro filho, mas era pra comprar pedra. "Passavam na seda" o leite do menino, porque não tinham dinheiro pra fumar pedra.

Além das meninas que passavam o filho na seda pra ter a droga, tinha também o pessoalzinho com mania de perseguição, que fumava e achava que alguém estava atrás deles, querendo matar. E aqueles que matavam porque estavam na maior fissura de fumar pedra.

Eu comecei a ver o pessoal que andava comigo a ficar com mania de perseguição. Isso foi abrindo a minha mente, apesar de ninguém ter tentado me matar na rua, só as vítimas que eu roubava. Chegaram a atirar em mim, várias vezes, mas graças a Deus nenhum tiro me acertou.

# 5 A MORTE DA MÃE

Minha mãe morreu em 1994, quando eu já estava na noia do crack. A última vez que vi minha mãe foi no ano de 1993. Véspera de Natal. Minha mãe foi lá na Sé atrás de mim, pedindo pelo amor de Deus, até se ajoelhou no chão, pra eu voltar pra casa, eu e meu irmão. Disse que tinha uma surpresa pra nós. Meu irmão estava na Sé comigo. Naquele dia, ela levou o meu pai lá na Sé. Meu pai tinha ido pra cadeia quando eu nasci. Nem o nome dele inteiro eu sei, só sei que ele era o Carlão.

Minha mãe tinha ido pra Sé atrás de mim. Ela dizia que me amava, levou meu pai lá. Fiquei morrendo de dó dela, mas eu estava com uma pedra, na maior fissura, era a primeira do dia, e logo naquele dia, naquela hora que a minha mãe apareceu, eu falei: "Ó, mãe, é o seguinte, não vai dar pra eu ir hoje, mas pode deixar que amanhã eu vou". E ela: "Ah, mas eu queria que você fosse hoje". Ela dizia "Volta", pedia desculpas, começou a chorar. Eu dizia pro meu irmão: "Vai, Negão". Ele dizia: "Vai você pra casa". Nós dois começamos a brigar. Na rua a gente só brigava. Nossa relação era só de briga, porque ele queria me controlar. Ele falava as coisas certas pra mim, e eu não gostava que ninguém pegasse no meu pé. Então não fui. Minha mãe foi embora mal pra caramba, eu virei as costas e fui fumar a minha pedrinha. Depois fiquei no maior barulho, decidi que ia ver minha mãe no dia seguinte, que era Natal. E acabei nem indo pra casa. Tinha mais droga pra usar. Depois fui mesmo é pra Febem. Meu irmão também foi. Minha irmã já tinha se casado, ela tinha um marido.

Alguns meses antes minha mãe tinha ido pra uma audiência. O juiz falou que ela era uma irresponsável, que meu irmão estava usando droga por causa dela. Eu estava na sala e vi o juiz acabar com a minha mãe. Ele disse que ela podia ser processada, que ela não tinha moral. Eles já tinham tirado minha guarda dela, quando eu era pequena, na minha segunda passagem.

Ele disse que minha mãe era uma irresponsável, que ela me espancava, por causa dela eu estava na rua, por causa dela eu estava fumando pedra. Ele acabou com a minha mãe. Ela só chorava, quieta.

Eu tinha dito pro juiz que não queria voltar pra minha casa. Minha mãe ficava olhando feio pra minha cara. Ele falou que podia prender minha mãe por irresponsabilidade. Depois daquele dia, minha mãe não foi mais me procurar na Febem.

Pouco antes da minha mãe morrer, o juiz tinha assinado pra mim uma internação. Eu estava com quase 15 anos.

Um dia, eu estava no pátio, sentada, o monitor me chamou, mandou eu tomar café rapidinho, porque a psicóloga tinha me chamado pra conversar. Eu não gostava dela. Xingava ela, entrava na sala dela e quebrava tudo. Mas antes desse dia ela tinha me chamado pra falar da minha mãe. Perguntou se eu não queria mudar de vida, por que eu estava naquela vida. Ela começou a falar um monte de coisa, e eu disse que eu não ia fazer nada, que eu ia roubar, que não ia sair daquela vida nunca mais. Estava bom pra mim. Eu só queria sair da Febem, mais nada. Mas eu pensei: "Já que estou internada, vou falar pra ela que quero mudar de vida". Quando ela me chamou e começou a falar, eu disse que só ia mudar de vida se minha mãe parasse de beber pinga. Então naquele outro dia ela me disse: "Esmeralda, lembra quando você falou que só ia sair dessa vida quando sua mãe parasse de beber?". Ela continuou falando algumas coisas, então eu desconfiei e disse: "Fala logo. Minha mãe morreu, é isso? Ou você vai ficar enchendo a minha cabeça de história? Fala logo. Não tenho tempo pra ficar aqui falando com você". Ela falou: "Eu sei como é difícil" e outras coisas mais.

Eu não queria ir no enterro da minha mãe. Não queria não por não querer, mas é porque eu tenho medo de defunto, não gosto de ir nesses lugares. Mas tive que ir, fui obrigada a ir. O enterro foi no cemitério da

**PODER JUDICIÁRIO**
SÃO PAULO

São Paulo, 12 de julho de 1994.

Ofício nº 3599/94
Processo nº 1790/89-4
2ª Vara Especial da Infância e da Juventude
Rua Piratininga, 85 - 2º andar - Brás
RCM

Senhor Diretor:

Por determinação do MM. Juiz, informo a Vossa Senhoria que a adolescente Esmeralda do Carmo Ortiz, devidamente acompanhada por monitor deverá ser conduzida ao cemitério de Vl. Nova Cachoeirinha no dia 13.07.94 às 10:00 hrs., a fim de acompanhar o enterro de sua genitora.

Apresente a Vossa Senhoria os meus protestos de elevada estima e consideração.

OSVALDO FERNANDO RAMOS
Escrivão-Diretor

ILMº SRº
DIRETOR DA UE 4
FEBEM/CAPITAL

Autorização para acompanhar o enterro da mãe

Cachoeirinha. Minha irmã estava lá, triste. Minha sobrinha Cibele nasceu quando minha mãe morreu. A Franciele, minha outra sobrinha, não pôde ir. Foi o meu cunhado, foram os amigos da minha mãe. E o meu pai estava lá. Assim que eu cheguei, ele veio me abraçar, e eu disse: "Não te conheço, não tenho pai, não". Dei as costas e saí andando. Isso foi em 1994. Eu cheguei no enterro da minha mãe e tinha um monte de gente bêbada, os amiguinhos dela, como uma tal de Vera, que hoje já morreu também. Os outros amigos dela também já morreram.

Minha irmã falou que minha mãe tinha morrido de cirrose. No enterro, tinha uma mulher se jogando e gritando: "Ai, Cida, por que você morreu?", e a minha tia bêbada, a Rita, que era a maior loucona e ficou dando o maior escândalo. Eu não sentia nada. Foi um dia normal. Comecei a rir da mulher que estava chorando por causa da minha mãe. Meu irmão estava na Febem e nós dois fomos juntos pro enterro.

Minha mãe estava magra, seca, chupada. Nunca tinha visto minha mãe tão magra. E ela estava tão bonita no caixão. Eu fui no enterro dela, mas e pra dormir? No enterro eu conheci a minha sobrinha que tinha nascido e vi alguns colegas.

## Alívio e medo

Minha mãe morreu e eu me senti aliviada. Eu justificava todo o meu fracasso na pessoa dela, tudo estava depositado nela. Eu pensava: "Faço isso porque minha mãe bebe, porque ela me botou na rua". Minha irmã falava coisas do tipo: "A mãe sempre nos amou. Ela bebia porque era fraca". Meu irmão também dizia: "A mãe era fraca, bebia por causa da nossa avó e também, olha, eu não conheço o meu pai, você não conhece o seu pai, a mãe sozinha teve que criar eu, você, a Giselda. Ela não teve ninguém pra dar apoio. Ela se rendeu ao álcool, mas você não pode pensar assim da mãe. A mãe sempre nos amou, cara, eu amo a mãe". E eu respondia: "Amou a gente o quê? Não sei por que você gosta da mãe". Ele dizia: "Não fala assim da mãe, não". Ele até chorava: "Não fala, pelo amor de Deus, não fala assim da mãe".

À noite eu não conseguia dormir. Fiquei morrendo de medo da alma da minha mãe aparecer pra mim. Eu não dormi a noite toda. Eu chorava, eu gritava, não porque minha mãe tinha morrido, mas com medo da alma dela vir me buscar, porque eu tinha dado risada quando ela morreu. Eu tinha medo de me mexer, da alma dela puxar o meu pé. Foi a maior noia. Tinha uma doida que dormia no meu quarto, uma tal de Lílian, que mora na Casa Verde, a Lili Carabina. Ela era minha colega, eu aloprava ela o dia inteiro. Ela era o meu único meio pra poder aguentar a Febem numa boa. Ela tinha um jeito estranho. Era magra, alta, negra, muito bonita. Acordou de manhã e disse: "Eu juro por Deus, eu vi a sua mãe, eu vi a sua finada mãe". Eu falei: "Mas você nem conhece a minha mãe". E ela disse que tinha visto, de madrugada, e descreveu minha mãe: ela estava sentada, olhando feio pra minha cara. Eu falei: "Pronto". Então não dormi. Demorou dias até eu deixar de pensar que minha mãe e minha avó iam aparecer pra mim. Sempre tive medo da alma delas.

Eu sempre fugia da Febem porque não conseguia ficar sem usar crack, não aguentava a fissura. Fugir não era tão difícil. A gente ficava trancada, mas eu me virava. Quando batia a vontade de fumar pedra, eu pulava o muro, saía correndo, fazia qualquer coisa.

Eu continuava naquela vida: roubava, fumava, ia pra Febem, voltava pra rua, e da rua pra Febem. Uma vez eu fugi com a Sandrão. A gente tinha acabado de chegar, ficamos no Pavilhão 3. A gente só comia e dormia, comia e dormia, porque a gente estava fraca, não tinha condições de ficar de pé, de tanto crack na cabeça. Quando ganhamos força, fomos pro pátio. Ali bateu a vontade, deu a maior neurose. Eu estava na minha, e ela convidou: "Vamos fugir?". Eu disse que os muros dali eram maiores. E ela: "Ah, que nada, vamos fugir dessa porcaria. Você quer saber de uma coisa? Eu não sei, não acredito muito em santo não, mas na hora eu peço pra qualquer santo me ajudar. Ó, Esmeralda, tem o seu Zé Pilintra. Se você falar 'Zé Pilintra, Zé Pilintra, se você me ajudar a sair daqui, eu te dou uma garrafa de pinga', vai ver que o Zé Pilintra ajuda a gente. Pode crer, nós vamos fugir hoje".

Eu estava com um vestido que parecia camisola, magra. A Sandrão falou: "A gente sobe no tanque, uma menina vai dar uma escadinha pra nós. A gente sobe no telhado da diretoria, passa aquela grade lá de cima e chega no muro". O muro era alto, tinha uns quatro metros. E a gente ia ter que pular o muro.

Chegou o dia. Ela falou que a gente deveria esperar os funcionários almoçar. Era plantão do Luís, acho que era esse o nome dele. Nós esperamos chegar o plantão dele. Eles foram almoçar. A menina pediu pro funcionário pegar a bola e ele foi buscar a bola na coordenadoria. Nós subimos no telhado, fomos engatinhando, engatinhando, vendo um monte de vigilantes lá embaixo. Foi a maior delícia fugir da Febem. Eu adorava aventura. Nós subimos no muro, eu fechei os olhos e pulei.

Eu só queria saber de fugir, a Sandrão também. Cada uma tinha que fazer a sua. A gente estava fugindo juntas. Nós caímos no chão, vimos que estávamos inteiras, levantamos. Tinha três caras na nossa frente, o coração já estava batendo, eu fui falando: "Ai meu Deus do céu, a casa caiu, Sandrão, vamos tomar o maior couro, cai fora, meu".

Os caras não eram vigilantes. Tinha uma grade de arame farpado. Nós subimos naquela grade, pulamos a grade, atravessamos a avenida. Eu não sabia pra onde a Sandrão tinha ido. Entrei numa favela, bati numa porta, pedi pro homem pelo amor de Deus deixar eu entrar lá. "Pelo amor de Deus, pelo amor de Deus, eu estou toda rasgada". Ele perguntou o que tinha acontecido e eu falei: "Moço, pelo amor de Deus, me ajuda, me ajuda, eu acabei de fugir da Febem". Ele falou pra eu entrar, tomar um banho, relaxar. Eu tomava banho pensando que o cara ia ligar pra polícia me pegar. Eu tomei banho, e ele falou: "Agora sai fora". Então eu fui embora, achando que em cada carro que vinha estavam os monitores da Febem.

Chegamos na Sé. E fumamos uma rocha pra comemorar. Não demorou muito, uns dois meses depois, nós voltamos pra Febem.

## Adoção por uma semana

Uma vez fui adotada pela dona Márcia. Ela era professora de português e dava aula na Febem. A dona Márcia morava com a mãe e o pai. Morei com eles e depois fugi, porque eu me sentia muito inferior. Além disso, eu usava crack há alguns anos, não conseguia me agarrar em nada. Era muito vazia, não conseguia ficar sem usar crack. Fiquei remoendo na casa dela durante uma semana. Me dava uma depressão, um vazio.

    A dona Márcia me levou pra trabalhar como doméstica na casa dela. Ela ia me pagar tudo direito, eu sabia disso. Ela me tratava superbem, mas eu comecei a me sentir mal, tinha vontade de usar drogas. Eu já não queria trabalhar, tinha preguiça. A mãe dela me dava as tarefas do dia, eu achava que ela estava me pondo pra trabalhar muito. Fiquei uma semana, fui pra Santos com ela, mas nada me preenchia.

    Um dia, senti que tinha de ir embora dali. E fui. Fugi. Sem precisão. Coitada dela. Mas eu gostava de criar aquela adrenalina. Acabei voltando pra Febem. Encontrei a Márcia, que estava lá. Olhei pra ela com a maior cara de pau, mas não conversava mais com ela, tinha vergonha. Foi no ano de 1996, eu estava com quase 17 anos, e ela ia me colocar na escola.

## Humilhação

    Fazia cinco anos que eu estava usando droga. Eu via que tinha que ficar me humilhando atrás de um pedacinho de pedra. Eu chegava a dizer pra quem tinha pedra: "Se eu não te pagar, você pode me matar amanhã". Eu colocava a minha vida em jogo, roubava qualquer um, quase sem noção. Depois eu ficava com dó das pessoas que eu roubava, mas não conseguia me controlar. A vontade batia, eu roubava. Depois, me lembrava da pessoa e até chorava de dó. Tinha vontade de voltar e devolver. Mas eu voltava mesmo era pra Febem, várias vezes.

    Quando eu mentia e dava idade de maior, ia pra cadeia. Na cadeia a droga rolava solta. Fiquei uns cinquenta dias no cadeião. Era horrível, pior do que a Febem. Quando chegou um homem com uma sentença de três anos pra mim, comecei a falar: "Sou menor, não vou assinar, não". Então me mandaram pra Febem.

    Era aquela vida sempre. Entre Febem e passagens por distrito e cadeia eu devo ter ido umas 50 vezes. Muitas vezes eu nem chegava lá, porque na metade do caminho eu fugia.

Cada dia eu dava um nome. Tinha dia que o cara perguntava: "Como é o seu nome?", e eu não lembrava. "Não sei o meu nome". E ele: "Fala, sua zica". E eu: "Não sei, não sei". Nem sei quantos nomes eu dava. Mas todo mundo me conhecia lá. Eu ia pra Febem da Imigrantes[8] e do Tatuapé.

## Rebelião

A Febem deixou lembranças, a pior de todas foi uma rebelião que aconteceu. Eu participei, estava com a Daniela. Naquela época a gente era muito amiga. Ela era branca, de cabelos cacheados, com cicatrizes no rosto, porque tinha sofrido um acidente de carro com a mãe. A mãe traficava na rua, fumava pedra e a irmã menor ficava na rua. Era uma história muito parecida com a minha. O pai dela já tinha morrido. Ela falava muito do pai. A gente se conheceu ali mesmo na Febem.

Tudo começou quando não aguentávamos mais sofrer as humilhações e o sofrimento dentro da Febem. A gente apanhava sempre, era uma condição de vida muito precária. Então resolvemos agitar uma rebelião, que começou no refeitório. A Daniela e outra garota, a Cristiane, começaram a jogar comida dos pratos na cara dos monitores. Quando eles reagiram, nós fomos pra cima deles. A maioria das meninas começou a botar fogo no prédio e a subir no telhado. Outras agrediam os monitores e tentavam fugir. Algumas meninas faziam reivindicações no telhado da casa: "Bons tratos, liberdade, roupas e cigarro", elas gritavam.

A Daniela subiu no telhado e começou a jogar telhas no chão. Lá embaixo era um vaivém. Nessa correria vieram os seguranças da Febem com capuz na cara, pau na mão, descendo porrada em todo mundo, alguns tentando acalmar o pessoal, e outros tentando apagar o fogo ou prestando os primeiros socorros em quem eles mesmos tinham descido o cacete.

A Daniela estava lá em cima, eu estava no chão. Tinha também alguns cachorros que eles colocaram lá pra morder a gente. Ali embaixo estava um vigilante, com um estilingue na mão. Ele mirou o estilingue com uma pedra grande e pontuda na direção da Daniela. No telhado,

---

8 A unidade Imigrantes da Febem foi desativada em 2000. (N.E.)

Praça da República

alguns seguranças que tinham subido com barras de ferro na mão estavam chegando perto dela. Mesmo assim, o vigilante com o estilingue lançou a pedra, que pegou o olho esquerdo da Daniela. Ela devia estar a uns sete metros de altura. Ela começou a gritar, e os vigilantes que estavam no telhado empurraram a Daniela lá de cima, com o olho ferido. Ela caiu de joelhos, quebrou o osso da perna, foi uma coisa horrível.

No chão, os outros vigilantes fizeram uma rodinha e começaram a dar porrada. Uma funcionária ficou com dó, foi amparar a Daniela e acabou apanhando também. Foi triste, eu gostava muito da Daniela. Ela foi pro hospital, ficou internada uns três meses, quase perdeu a perna e perdeu a visão do olho esquerdo.

Todo mundo que estava na Febem, no meio da rebelião, assistiu tudo. Nós tomamos um cacete, naquele dia, que nem tem tamanho. Umas trinta pessoas foram pro hospital. Eu fiquei inteira. Levei uma paulada nas costas, na altura dos ombros, que doeu muito.

Nós não batemos nos funcionários. Eles é que batiam em nós e depois trancaram a gente. Nós passamos a noite lá. Quando acordamos, tinha um monte de seguranças observando a gente.

Nós falamos que queríamos falar com o diretor. Eles disseram que pra isso tinha de formar uma fila. Nós fizemos uma fila de 25 ou trinta pessoas. Na hora de descer para a sala do diretor, eles colocaram a gente numa sala bem pequena, mínima. Entraram vigilantes e funcionários, cada um com um caibro na mão, e ficaram uma hora inteira dando pauladas na gente. Foi o próprio diretor que liberou eles pra baterem. Eu pensei que ia morrer de tanto apanhar. Eles pisavam na cabeça, chutavam a boca, davam paulada e porrada. A gente caía, eles mandavam levantar. Algumas meninas desmaiavam, mesmo assim continuavam apanhando.

Depois que apanhamos, eles deixaram nós na sala. Todas estavam gemendo, sem forças nem pra chorar. Ficamos lá trancadas durante muitos, muitos dias, passando fome, porque a gente não comia direito, passando frio. Algumas ficaram doentes. Ali não tinha lugar pra fazer as necessidades, tinha de ir no banheiro só nas vezes que eles liberavam.

Depois de um mês, recebi a visita da minha irmã. A maioria daquelas meninas também recebeu visitas. Reclamamos pras visitas, mesmo com medo de cada uma ser jurada de morte. As famílias ficaram revoltadas, foram ao juiz reclamar, inclusive minha irmã.

O juiz mandou a gente fazer corpo de delito. Aí os funcionários começaram a tratar a gente como anjos, pra gente não caguetar ninguém e eles não perderem o emprego. A gente caguetou, mas não aconteceu nada. Eles ficaram cinco dias suspensos, e só.

O juiz marcou audiência com todas as meninas. Foi um ônibus buscar a gente na Febem, pra levar pro fórum no dia da audiência. Depois, assim que descemos do ônibus, todas saímos correndo. Um dos funcionários me segurou pela blusa, tentando impedir minha fuga. Eu fui deixando a blusa pra trás, na mão dele, e saí correndo pra Praça da Sé. Fugi praticamente na frente do mesmo juiz que um dia tinha me dado uma internação. Eu tinha dito pra ele que iria fugir na frente dele, um dia. E fugi mesmo. Fui pra Sé, de novo fui fumar a "rocha do ano".

# 6 TRAVESSIA

Mas o crack começou a não me preencher. As mães de rua já não eram as mesmas, o pessoal que usava droga comigo já não era o mesmo. Era cobra engolindo cobra. E comecei a perceber a perda de domínio, a pensar no que eu estava fazendo com a minha vida. Os meus amigos estavam morrendo, quase todos de overdose, na minha frente. Os caras em overdose do meu lado e eu lá, pegando a pedra deles pra fumar. Comecei a ter medo de ficar na noia de matar todo mundo. Eu queria fumar pra curtir, não pra ter noia. Eu não parava de fumar, mas sentia desejo de parar. Eu estava me humilhando por causa de pedra, pedindo pro traficante: "Pelo amor de Deus, me dá uma pedra".

Comecei a perceber que minha vida estava monótona. Eu pensava que ainda era nova. Quando roubava, eu falava: "Deus, se você me tirar daqui, eu vou na igreja". Quando roubava, eu ia na igreja.

Eu estava no fundo do poço. Estava magra, tinha começado a usar arma, estava vendo meus amigos morrendo ou sumindo. Na minha definição, eu era viciada no crack e não era viciada no crack. Porque a única coisa que tinha pra fazer na rua era usar droga. Muitas vezes eu pensava em parar, mas não conseguia, porque era difícil também ficar careta. Continuava usando, até sem vontade. Não queria, mas não conseguia ficar na rua sem usar droga.

O crack é uma coisa que a gente sempre quer mais, mas às vezes eu chegava a enjoar de usar crack, porque à noite é horrível, a gente fica sem dormir, o corpo fica cansado, parece que tem um tampão na mente e que a cabeça está cheia de fumaça, a gente não consegue raciocinar. E ainda mais eu, com aquela mania de perseguição.

Era aquele ciclo. E eu não conseguia preencher o vazio. Senti que não tinha mais jeito. Pensei que a única saída era morrer de overdose, a única saída era a morte. Pra mim, nada me ajudaria a sair do crack. Quando a gente entra é fácil, são três minutos pra entrar, pra sair é que é difícil. Eu estava conformada com a morte, mas às vezes eu rezava do meu jeito, pedia pra Deus me ajudar a sair daquela vida.

Eu só não me prostituía por causa de crack. Eu tinha trauma de homem e achava que tinha frigidez sexual. O crack tirou o desejo. Eu vegetava, não tomava banho, ficava fedida.

Parece que tinha chegado o tempo de eu começar a mudar de vida. Na Sé tinha uma educadora que eu já conhecia do Clube da Mooca. Ela me seguia, eu saía correndo. Se eu estava no Vale do Anhangabaú e via a "Rose da Moto", eu saía correndo, ia parar na Estação da Luz. Depois eu voltava. Pra mim ela era do Deic, porque ela era forte, tinha uma moto e ficava me observando. Onde eu ia ela ficava me observando. Um dia, ela veio e falou que estava trabalhando no Travessia, que me conhecia. Isso foi no final de 1996. E eu pensando: "Pronto, ela é do Deic, ela vai me pegar".

## Fundação Projeto Travessia

A Rose então me falou que tinham aberto um projeto pra meninos de rua chamado Projeto Travessia, e eu xingando ela, na noia. Às vezes ela vinha com alguns educadores, o Eduardo, a Fernanda, e eu sempre falava um monte pra eles. Eu desacatava. Na verdade, eu não acreditava mais neles. Achava que eles eram "71", aqueles que prometem e não fazem. A gente falava "71" pras coisas que eram "xaveco", mentira. Eu não acreditava mais no que falavam. Eu dizia: "Se você não vai me dar comida, não vai me dar coberta, pode sair fora, não estou mais a fim de vocês falarem de projeto não, porque vocês não estão com nada". Eu falava porque eles

Centro antigo de São Paulo

**FUNDAÇÃO PROJETO TRAVESSIA —** é uma parceria entre sindicatos e bancos que instituiu, em 1996, uma fundação para desenvolver programas educativos para meninos e meninas em situação de rua no centro da cidade. *No primeiro momento*, as atividades são realizadas no espaço da rua, por educadores de rua.
*No segundo momento*, os meninos realizam atividades artísticas e esportivas em diversos espaços. Recebem bolsa e voltam para dormir na casa de familiares ou em abrigos. Essas atividades devem prepará--los para frequentar os espaços da comunidade com outros garotos. Eles ainda são acompanhados pelos educadores. *No terceiro momento*, os meninos e meninas passam a frequentar atividades na comunidade, com acompanhamento dos educadores.

começavam um projeto, ficavam por um tempo, depois fechavam. A gente às vezes criava um vínculo com eles.

Eu não acreditava mais neles e achava que ia morrer de overdose. Meu maior sonho era esse. E em Deus eu só acreditava quando estava presa. Porque Deus mesmo, pra mim, era a droga. Ela vinha em primeiro lugar. Eu pegava um saquinho de pedra e fazia a maior cerimônia. Pra mim aquilo nunca ia acabar, aquilo era meu Deus. O outro Deus pra mim era o Deus que os outros falavam, o Jesus Cristo.

Mas eu tinha uma esperança. No fundo tinha uma luz falando que eu ia conseguir. Por mais que eu estivesse na rua, naquela situação, eu ia conseguir mudar. Eu era muito persistente: se eu cismasse que ia ser de um jeito, tinha que ser. Às vezes vinham os pastores na Sé, à noite, levar sopão pra gente. Eles rezavam, cantavam hinos, eu cantava com eles. Aquilo me preenchia. Eu tinha uma satisfação imensa além da droga. Eu ficava louvando a Deus. O pessoal da JEAME, Jesus Ama o Menor, ficava pregando. Eles cantavam louvor pra nós e oravam. Na Sé aparecia também um pessoal da Legião da Boa Vontade e da Igreja Universal. Eles levavam cobertores no tempo de frio, de madrugada. Eles já sabiam o ponto onde a gente dormia. Levavam sopa e medicamentos.

De vez em quando eu parava pra conversar. Eu conhecia esse pessoal desde pequenininha. Quando era dia deles passarem, a gente se concentrava num lugar. Quem usava droga ficava de um lado, os outros ficavam do outro lado. A gente sempre respeitava eles, que ficavam a noite toda cantando pra nós e conversando. Eles davam atenção pra nós. E eu gostava deles. Cheguei a fazer amizade com alguns, mas, quando usava droga e eles passavam, eu saía voando. Esse contato me dava uma sensação de estar perto de Deus, me dava segurança. Eu via uma luz. Quando eles rezavam comigo, na hora de usar droga eu ficava com sentimento de culpa. Eu pensava: "Acabei de rezar agora e vou usar droga?". Mas não tinha como.

Às vezes eles nos levavam pra casa de recuperação, e alguns iam na Febem quando a gente estava preso. Eu confiava neles porque eles não prometiam nada, sempre estavam lá. Nos sábados e domingos, levavam a gente para piquenique no Parque do Carmo, pra andar de pedalinho, pro parquinho. No final do ano, juntavam um monte de gente de rua e levavam pro acampamento. Era muito legal. O acampamento era numa fazenda de um dos pastores. Lá nós brincávamos, jogávamos futebol, nadávamos na piscina, as tias faziam comida.

Eu não tinha paciência de ficar em casa de recuperação, sempre gostava de ficar livre, mas esse pessoal me passava segurança, a gente não tinha medo. Eles sentavam e conversavam. O mais gostoso era que, onde a gente estivesse, eles iam conversar. As pessoas até se assustavam. Às vezes a polícia ia lá ver se estávamos roubando o pessoal, se estava tudo bem.

## Rose de novo

No caso da Rose, a minha noia era ela. Eu usava droga pensando nela, porque, como eu sempre saía da Febem fugida, e o pessoal ia atrás da gente de perua, pra mim a Rose era da Febem ou do Deic. Ela ficava me perseguindo, me observando de longe. Onde eu estava eu via ela. Às vezes acho que era mesmo noia minha, alucinação. Eu roubava, virava a esquina, lá estava ela passando e me olhando. Eu via a Rose, eu via uma luz, eu tinha medo dela. Eu ia pro mocó, pra onde eu fosse, ela ia atrás. Eu sumia da Sé, ela ia atrás de mim. Às vezes, eu até sumia da Sé pra ver se ela me deixava.

Eu estava roubando muito. Eu tinha fugido da Febem, estava há muito tempo na rua, não parava de roubar e apanhava direto dos policiais.

**ROSEMARY REGUNISO DA SILVA SANTOS, ROSE,** foi gerente do Programa de Educação, Arte, Cultura, Esporte e Lazer (PEACEL) do Travessia, que funcionou entre 1998 e 2002. Trabalhou no Clube da Mooca de 1989 a 1991. Fez parte do primeiro programa do Travessia, de educação na rua, no Vale do Anhangabaú.

**Liderança, sozinha**

"Identificamos a Esmeralda e começamos a valorizar o contato, a marcar encontros. Ela não é uma pessoa muito fácil de marcar encontro. Não estava agrupada, andava mais sozinha. Tinha uma certa liderança, mas não se permitia estar em grupo."

*Insight:* **música**

"Ela circulava sem parar. Você a encontrava aqui, daqui a pouco ela estava lá na frente, e correndo. Era uma característica dela. Para dar uma parada, precisava de um impacto. Eu teria que descobrir isso: o *insight*. E o *insight* foi música. Eu já sabia que ela gostava de música. Você vai tentando na conversa, sem ser maçante, vai conquistando aos poucos, descobrindo o que é que puxa esse menino, qual é seu projeto de vida.

A Esmeralda foi dando indícios de que o grande eixo da vida dela era a música. Eu, que não gostava de Zeca Pagodinho, fui obrigada a comprar o disco, andar com um gravador, tentar gravar sua voz cantando. Aí ela queria ouvir sua própria voz e isso se tornou uma forma de aproximação, uma forma de ela se permitir parar.

A música fez essa ponte. A partir daí, ela começou a resgatar algumas coisas, as composições que ela tinha, começou a cantar."

**Comportamento diante dos educadores**

"Havia uma coisa bastante interessante no comportamento dela na nossa frente. Ela fazia com que os outros meninos também tivessem um comportamento diferente. Era coisa da sua autoestima, de 'Não estou bem, não quero aparecer desse jeito'. Às vezes, ela fugia porque sabia que não estava legal.

E não adiantava barrar a Esmeralda, porque ela passava feito um foguete, como se não te conhecesse. Era preciso respeitar aquele momento."

**Alguém para cuidar dela**

"A Esmeralda circulava mais pelo centro. Ela tinha uma coisa afetiva também. Conhecia todo mundo, todo mundo a conhecia. Ela gostava de ser cuidada, queria alguém que cuidasse dela, ou então não ia sair dali. Quando não estava ali, eu sabia onde ela estava: numa instituição, na Febem ou na casa de alguém, porque ela queria ser cuidada. Acho que até hoje ela busca alguém que possa cuidar dela."

Continua na p. 145.

Como não conseguiam me alcançar, eles me pegavam dormindo e me batiam. Eu não tinha lugar pra dormir. Quando estava na noia, às vezes dormia no meio da avenida, os carros paravam, até a polícia me tirar de lá.

Às vezes eu dormia no marco zero da Sé, de madrugada, num frio desgraçado, mas, como a droga tira a sensação de frio, eu não sentia frio, e nem me lembro se eu ficava doente.

Foi então que começou a minha aproximação com a Germana e a Rose. Eu já estava de saco cheio de droga, achando que ia morrer. E tinha o meu irmão. A noia dele era eu. Ele dava um pega e olhava pra minha cara, dizendo: "Vai pra casa, vai pra casa, vai pra casa". Ele não me deixava em paz. Ele ficava nessa noia e eu ficava doida, xingava de todos os nomes. Ele pegava um monte de roupa que via no chão, ia juntando, colocava num saco e falava: "Tó, tó, tó, vai embora pra casa. Amanhã eu tô lá, vou levar dinheiro pra você, e vou levar comida, mas some daqui". Ele dava dinheiro pra eu tomar banho. Se tinha alguém usando droga comigo, ele batia no pessoal, batia naqueles que davam droga pra mim. Ele enchia o meu saco, querendo me bater porque eu estava usando droga.

O Claudinei, meu irmão, já não me deixava à vontade, até que ele descobriu que o pessoal do Travessia queria me ajudar. Então ele não parava. Ele me chamava pra conversar, me dava altos conselhos, dizendo que eu tinha de sair da rua. Mas, quando ele vinha, eu já começava a xingar, eu não tinha paciência. E ele me falando, me enchendo.

**FERNANDA SAGUAS** é arte-educadora desde 1990. Trabalhou no Projeto Circo-Escola, da extinta Secretaria do Menor, na Febem, no Clube da Mooca, no Travessia e no projeto da Escola da Rua, do Escola Aprendiz.

### Encontro e contato com a Esmeralda

"Conheci a Esmeralda no Clube da Turma da Mooca. Ela era novinha, tinha 12 anos. Foi em 1992. Trabalhei pouco tempo lá. Fui reencontrá-la na Praça da Sé, quando já trabalhava como educadora no Travessia.

Na primeira conversa que tive com a Esmeralda, ela me deu uma intimação: 'O que é esse Travessia aí? O que vocês vão fazer com a gente?'. Ela me fez muitas perguntas e eu não tinha resposta para nenhuma. Isso me incomodou muito.

Do jeito como ela me perguntou, ninguém nunca havia perguntado. Eu não tinha muita experiência na rua. Fiquei completamente sem saber o que dizer, porque nem eu sabia o que esperava dela. Eu não esperava nada.

Eu estava ali acreditando num ideal de transformar a vida daqueles meninos e que não iria ser de um jeito assistencialista. Ela falava em cobertor e eu dizia: 'Não vai dar. Essas coisas que você me pede eu não tenho para te dar. Não é isso que vou te dar'. Ela perguntava: 'Não tem? Então é o quê?'. Para esse *o quê*, eu não tinha resposta. Foi uma coisa que me marcou muito."

### Esmeralda na rua

"Continuei me encontrando com a Esmeralda. Nessa época ela não ficava muito na Sé, ficava mais no Vale do Anhangabaú. Às vezes eu a encontrava bem menina de rua — com cobertor nas costas, suja, detonada, vendendo cola, roubando. Era bastante comum. Eles sempre andavam em grupo."

Aconteceu que um dia ele estava bem louco e foi armado atrás de mim, me ameaçando, falando que ia dar um tiro no meu joelho se eu usasse droga. Ele costumava tomar droga de mim, dizia que eu não ia usar, que eu era mulher e era irmã dele. Então era o maior quebra-pau, a gente saía na mão por causa de droga. Uma vez ele tirou a droga de mim e eu quis botar fogo nele. Eu estava bem louca, tinha até comprado álcool pra jogar nele quando estivesse dormindo. Esperei ele dormir. Cheguei perto, na hora que vi ele dormindo, nessa que eu ia jogar o álcool, nem sei o que aconteceu, eu não joguei. O pior é que eu gosto dele pra caramba. Nós brigamos, não entendia o que estava acontecendo, tudo por causa de um pedacinho de droga que ele queria tomar de mim.

Um dia, eu estava indo usar droga no mocó e vi dois educadores do Travessia. Eles me chamaram pra conversar. Eu falei que não: "Estou apressada, tenho que ir, tenho que ir". Meu irmão estava por ali e me ameaçou. Se eu não fosse conversar com o pessoal do Travessia, eu ia apanhar: "Você não vai tomar só coronhada, eu vou dar tiro". Ele começou a bater no pessoal que estava comigo, falando que estavam me

---

**CLAUDINEI ORTIZ, irmão da Esmeralda, tem 22 anos. Saiu de casa com sete anos e não concluiu a 1ª série do ensino fundamental (atual 2º ano). Não sabe qual foi o motivo que o levou a sair de casa, mas sabe que sempre quis ser livre e dono do próprio nariz. Acompanhando os amigos, cheirou cola, usou maconha, coca e crack. Passou por vários projetos para crianças em situação de rua. Foi preso, segundo ele, por ter roubado alguns vales-transporte.**

**Travessia**

"Conheci o Travessia através de um professor de música que nos levou para fazer um show no Sindicato dos Bancários. Tinha várias pessoas importantes.

Eles falaram sobre o projeto que estavam fazendo, que tinham doado não sei quantos milhões pra ajudar as crianças necessitadas. Era o Travessia. Eu já conhecia alguns funcionários que iam trabalhar nesse projeto. Eles eram da Secretaria do Menor."

**Esmeralda**

"Sempre aconselhei minha irmã a sair da rua, mas os incentivos maiores vieram da sua própria força de vontade e também da Febem e do Projeto Travessia."

> **Por que eu não saí dessa**
>
> "Por falta de vontade própria e também do incentivo de alguém que realmente me apoiasse. Principalmente, apoio moral, porque todas as pessoas te maltratam e você passa a ser descartado de tudo e de todos. Mas sei que vou sair dessa. Eu tenho fé em Deus."

arrastando pra usar droga. Acabei indo conversar com os educadores. Eu estava com medo, falei rapidinho com eles.

A Kátia era uma educadora. Ela me perguntou se eu queria sair da rua. Eu falei: "Vou sair da rua, sim, mas se você arrumar um lugar pra eu dormir, um lugar pra eu fazer tratamento e um lugar pra eu morar". Então ela respondeu: "Tudo bem. Amanhã eu venho aqui". Acontece que antes disso eu já tinha conversado com ela, porque meu irmão ficava no meu pé e, pra eu usar a minha droga à vontade, eu falava pra ele que estava conversando com os educadores. Eu já tinha falado rapidinho com a Kátia. Na verdade, só pra ela sair do meu pé. Então ela falou: "Amanhã eu venho aqui marcar uma reunião com você, tá?". Eu nem sabia o que era reunião. Ela ficava falando de umas coisas que eu nem entendia direito. E foi que eu sumi de lá, pra elas não irem atrás de mim. Fiquei na Praça da República, na Rua do Triunfo, na Cracolândia.

## Ser pagodeira

Um dia eu estava andando com um pessoalzinho, estava indo roubar, mas comecei a entrar em desespero, em pânico. Comecei a sentir o vazio, comecei a chorar, comecei a ficar em depressão, morrendo de vontade de parar de usar droga. Não estava mais aguentando. Eu tinha um sonho que me perseguia: ser pagodeira. Na Febem eu escrevia pagode, comecei a escrever poesia. Eu queria me envolver com o mundo da música, do samba. Eu gosto muito do Bezerra da Silva e gostava muito também do Grupo Raça. Meu sonho era conhecer o pessoal do Raça. Sem maldade, só conhecer eles. Mas não conseguia fazer isso, e era uma coisa simples. Às vezes tinha show no Parque do Carmo, eu arrumava dinheiro, comprava roupa, mas chegava na hora eu não ia, por causa da droga. Na Febem eu escrevia e os funcionários incentivavam muito, porque as letras do meu samba eram muito boas. Eles levavam uns grupos lá pra conhecer as minhas letras.

Escrever era uma coisa que me preenchia. Eu conseguia escrever poesia e samba, mas não conseguia ir pra frente. A droga não deixava. Eu achava que era uma coisa que eu podia fazer legal, aquela coisa do samba, da música e da poesia. Iam alguns grupos de pagode na Febem, queriam comprar a minha letra, eles gostavam, eu apresentava pra eles. Eu era pequenininha, tinha 11 anos. Foi na época que o Grupo Raça fez sucesso. Outro grupo era o Sem Compromisso. Também tinha o Grupo União, eu não me lembro direito. O pessoal foi até na rua atrás de mim, querendo as minhas letras. Só que eu não vendia, eu pensava assim: "Eu vou sair da rua, e quando eu sair da rua...".

Eu me lembro de vários sambas que escrevi, e tenho as letras guardadas. Alguns ganharam concurso na Febem. No Clube da Mooca eu ganhei um concurso, mas no dia de receber o prêmio eu fui pega. Quem ganhou foi outra pessoa no meu lugar. Então, eu via que tinha alguma qualidade, mesmo não conseguindo ir pra frente.

"Ai se eu pudesse"

Nosso amor é demais
Seu jeito me satisfaz
Mas eu não posso ficar com você
Não posso por quê?

*Bis*   Tenho meus motivos, você sabe o porquê

*Refrão*   Ai, se eu pudesse e o meu dinheiro desse
        Daria tudo pra ficar com você

Você é filha de bacana
Sua mãe é invocada
O seu pai é muito grosso
Sua irmã não está com nada
Se eu ficar com você

Vou cair numa emboscada
Seus parentes são muito nobres
E eu sou filho de negrada
   (Esmeralda Ortiz — 5/8/95)


"Chora coração"

Você me fez chorar
Desanimou o meu viver
Você era meu bem-querer
Que envolveu todo meu ser
Amor, por você sofri demais
E agora quer voltar atrás
Minha resposta é esta: não dá mais
No meu coração não tem mais paixão
Ele só quer saber é de sofrer
Por isso agora

*Refrão* Chora, chora, chora coração
    Tão machucado
*Bis*  Chora, chora, chora coração
    Tão magoado
    Chora, chora, chora coração
    Só ilusão que restou
    Em meu coração

Tristes lembranças do meu passado com você
Tristes lembranças do meu amor mal-acabado
Que se foi tão de repente
No meu coração não tem mais paixão
Ele só quer saber é de sofrer
Por isso agora

*Refrão* Chora, chora, chora coração
    Tão machucado...
     (Esmeralda Ortiz — 6/6/95)


"Pagode"

Lá no morro da colina
Vai ter uma competição

E só vai participar quem batucar
Na palma da mão...
Lá no morro da colina
Não vai ter vacilação
Pra completar este pagode
Vou tocar meu violão
E quem vai dar o repique vai ser
O som do surdão
Enquanto o cavaquinho chora
O pagode rola de montão

*Refrão*  Venha ver, dona Julinha
O pagode na colina
Ele é um pagode bom
Só se liga neste som...
(Esmeralda Ortiz — 21/12/97)

    A gente tinha um grupo de pagode na rua. Eu era a vocalista e pensava: "Eu vou sair da rua e vou montar um grupo de pagode". A única esperança que eu tinha era essa, tanto é que na noia eu ficava tocando pagode com o pessoal. Eu não achava que ia ser famosa, a música era só uma coisa que me preenchia. Eu não pensava em dinheiro. Em todos os meus sonhos, nunca ponho o dinheiro na frente das coisas. Sempre penso no que vou conseguir realizar, no que vou conseguir passar. Mas eu não conseguia. Meu sonho era conhecer o Bezerra da Silva. Eu ia nas barraquinhas de jornal pedir pro pessoal entrar em contato com ele.
    As músicas do Grupo Raça me incentivavam, tanto é que eu roubava direto, comprava um gravador, colocava a fita do Raça e saía andando, no último volume.
    Na Febem eu ficava ouvindo a música deles. Eu achava legal e me inspirava naquelas músicas. Eu pensava nesse grupo e dizia: "Vou sair da rua pra pelo menos chegar nesse ponto". Eu comecei a escrever música. Na rua eu também escrevia poesia, descrevia o que eu sentia. Na noia mesmo, eu escrevia, depois perdi os meus escritos. Eu via que não conseguia chegar em lugar nenhum, que a droga estava sempre

na frente. Então comecei a colocar esse grupo de pagode em primeiro lugar, pra ver se eu conseguia me desvincular um pouco do crack.

Nunca cheguei a me encontrar com eles. Depois que saí da rua, uma vez fui num show deles, foi o primeiro show que eu assisti. Foi legal, foi superdez. Na Febem, os funcionários que gostavam de mim me incentivavam muito. Eles levavam os grupos lá, e eu fui me levando pra esse lado da música.

# 7 ÚLTIMA CHANCE

A Febem servia de refúgio. Quando tudo já estava insuportável, eu me entregava. Um dia eu estava na República, depois subi uma rua ali perto da Sé. Tinha uma mulher com um relógio, eu cheguei e puxei o relógio dela. No quarteirão da frente eu parei pra vender o relógio pro marreteiro. Nessa que eu estava vendendo, apareceu a polícia com a vítima e me pegou no flagra. Me levaram pro distrito. Eu segurei o que tinha roubado, mostrei pra eles, pra eu ficar presa. Minha oração foi pra eu parar na Febem. E fui pra Febem.

Lá eu tive audiência com o juiz e ele disse que ia me dar uma internação-sanção. Internação-sanção queria dizer a minha última oportunidade. Quando a gente vai presa, eles não dão a data de saída, não tem tempo determinado. Mas ele falou que daquela vez tinha data certa. Ele falou o dia que eu ia embora e que meu processo ia ser arquivado. Eu estava com 17 anos. Era a minha última oportunidade.

Na Febem eu conhecia todo mundo. Falei que tinha ido tirar umas férias. Eu estava acabada pelo crack, estava careca, porque a minha noia era puxar os fios dos meus cabelos. Eu só tinha um pouco dos lados e um pouquinho em cima. Eu ficava puxando os fios e matando muquirana. Como eu não tomava banho, ficava cheia de muquirana, aqueles piolhos-brancos que grudam na roupa. E no mocó que eu dormia era a maior nojeira, o chão era cheio de bichinhos de carniça, aquelas larvas brancas. Os policiais entravam no mocó de manhã, de dia, porque à noite não tem como ver. Entravam mais de trinta, mandavam todo mundo deitar no chão e desciam o pau. Acho que um morreu de tanto apanhar. Os policiais detonavam mesmo. Eu percebia o que estava acontecendo comigo.

No dia do roubo do relógio, eu tinha prometido pra Deus que ia deixar aquela vida. Então nessa que prometi eu fui presa. Lá na Febem eu tinha vergonha de mim mesma, porque sempre que ia embora eu prometia uma coisa pro pessoal: "Vou trabalhar, vou estudar, você vai ver e tal". Então eu tinha vergonha deles. Eles falavam: "Você não tem jeito". Eles me chamavam de noia, falavam que eu ia morrer daquele jeito, diziam: "Ih, de novo". Foi aí que eu falei: "Não, dessa vez eu vou fazer alguma coisa por mim mesma". Eles ligaram pro Travessia, a Rose começou a escrever pra mim. Ela mandava cartas através do meu professor de geografia, um ex-educador de rua.

No começo eu não queria responder às cartas, porque sabia que elas queriam uma resposta minha, sobre eu sair da rua. E eu não queria mandar. Se eu mandasse, elas iam fazer a maior correria, mas eu depois ia sumir. O juiz falou: "Tal dia vou te mandar embora daqui pra fora. Pra onde você vai, eu não sei". Fiquei com medo. Eu não ia mais ter a Febem pra puxar o meu saco, ia ser cadeião mesmo. Eu estava ficando maior de idade e via que tinha perdido minha adolescência e minha infância, tinha perdido tudo, não tinha aproveitado nada. Eu pensei: "Vamos ver qual é a desse Travessia".

O pessoal na Febem via as cartas e ficava no meu pé: "Vai lá, escreve, retorna a carta. Eles são superlegais, vão te ajudar". Depois de dois meses eu comecei a responder às cartas, falando que eu queria sair da rua. Eles começaram a ir me visitar, a levar advogado.

Os funcionários continuaram me incentivando, a metade deles me conhecia desde a minha primeira passagem na Unidade de Recepção. Eu falava pra mim: "Vou dar um tempo pra mim. Vou ver se é isso mesmo. Mesmo se não der certo, vou tentar e vou começar por aqui mesmo". Lá eu tinha a maior tentação de fugir. Fugir não era fácil, mas eu fazia qualquer coisa pra estar fora. Uma vez teve uma fuga naquela unidade. As meninas conseguiram roubar a chave da coordenadoria e fugiram. Armaram todo o esquema. Elas fugindo e eu na porta. Elas falando "Vamos, Esmeralda, vamos", e eu pensando "Não, eu tenho que ir embora pela porta da frente". Eu estava cheia de tentação. Mas não fugi.

Então fui pra audiência. O juiz falou que o dia 29 de julho era o dia de eu ir embora. Neste dia o pessoal do Travessia foi me buscar na Febem.

## Casa de Passagem

Eram cinco horas da tarde, o conselho tutelar estava fechando e a Rose não podia me levar pra casa dela. Ela ficou no maior desespero, ligando pra vários lugares, tentando me colocar. Foi então que ela ligou pra Casa de Passagem, que só acolhia crianças, e eu já ia completar 18 anos. Fiquei meio desesperada. Quando eu completasse 18 anos, pronto, meu sonho ia desmoronar. Eu ia ter que voltar pra rua, ia ser aquela mesma monotonia. A Rose disse: "Não, você vai conseguir". Não me deu vontade de voltar pra rua. Eu me sentia insegura, não ia ter mais lugar pra eu ficar. Eu não ia aguentar ficar com a minha irmã, ela ia ficar louca, ou eu. Mais fácil era ela. Mas naquele momento parecia que a minha oração feita pra Deus tinha dado certo. Comecei a sentir a presença de Deus, ele se manifestando nas pequenas coisas, que pra mim eram muito grandes.

**CASA DE PASSAGEM —** denominação dada aos antigos orfanatos, incorporando as diretrizes do Estatuto da Criança e do Adolescente. Eram casas para um grupo pequeno de crianças (entre 15 e vinte) que preservavam a convivência comunitária. As crianças frequentavam a escola e participavam de programas de complementação escolar. Estas casas foram implantadas pela Prefeitura. Atualmente são chamadas de centros de acolhida e abrigo.

O legal do Travessia foi que eles trabalhavam a minha autoestima. Quando eu estava meio pifada, eles falavam: "Vai, vamos, estamos juntos, você vai conseguir". Eles não me deixavam só em momento algum. No outro dia eles já me levaram para o Projeto Quixote. Eles estavam fazendo tudo como eles falaram, estavam fazendo da melhor maneira.

Fiz minha inscrição no Quixote. Mas eu me sentia perdida, vivia com medo. Eu ainda estava com a promessa pra Deus de parar com as drogas. Mas a única pessoa

**PROJETO QUIXOTE** — projeto da Escola Paulista de Medicina para meninos e meninas de rua. O trabalho é dirigido à prevenção ao uso e abuso de drogas.

que me fazia segurar era a Rose. Eu queria mostrar pra ela que não ia usar droga. Não queria decepcionar a Rose como decepcionei muitas pessoas, pelo fato dela ter persistido. Eu sabia que ela tinha sofrido pra poder me apoiar. Ela significava mais ou menos a mãe que eu não tive, eu também fantasiava um pouco em cima dela. Ela era uma pessoa superpersistente, estava sempre ao meu lado, mas vi que ela não era minha mãe. Eu caí logo na real. Quando começou a pintar essa de eu achar que ela era minha mãe, achei que tinha de distinguir as coisas.

A Rose significava pra mim uma força, um poder maior. Eu me espelhava nela. Se eu pensava em usar droga, logo pensava que ia decepcionar a Rose, como quando decepcionei a Márcia, aquela minha professora de quem eu gostava pra caramba. Eu não queria machucar as pessoas. Sabia que era o trabalho delas, mas ela tinha gasto muitas energias comigo, ela persistiu, ficou sete meses atrás de mim por aqueles buracos. Ela ia nos mocós atrás de mim, querendo conversar, e eu correndo dela. Os educadores já estavam desanimados, não acreditavam em mim, mas ela tinha feito uma aposta que ia conseguir me tirar da rua. Ela era bem troncuda, vivia no meu pé quando eu estava na rua. Eu me lembrava do trabalho que tinha dado pra ela. Eu não queria decepcionar.

A Casa de Passagem era uma casa bem bonita, um casarão, de bloco, com um jardim. Lá era lindo. Eu não aprontava muito lá, eu era quieta. Eu era a única pessoa adulta, e me sentia mal lá também, porque era um monte de crianças e eu era fechada, não falava com ninguém, vivia em depressão. Eu não fazia nada pra mim, sentia falta da droga, entrava em desespero, ficava com vazio. E comecei a julgar a Rose pra caramba, dizendo que eu estava mais feliz na rua e perguntando por que ela tinha me tirado de lá.

Eu tinha começado a fazer terapia com o Rafik no Projeto Quixote. Achava que tudo estava uma porcaria, me sentia inferior a todo mundo, parecia que tinha subido no prédio do Banespa e estava me vendo lá

**ROSE** *(continuação)*

**Desafio e projeto de vida**

"Foi um desafio trabalhar com a Esmeralda. O que se acredita normalmente é que alguém que construiu toda a sua sociabilidade na rua tem muito pouca chance de se alterar. Acredito que é possível, e não porque nós conseguimos. Foi porque a Esmeralda tinha um projeto de vida. A gente tem que fazer justamente isso: tentar resgatar essa perspectiva que a pessoa tem para poder dar o salto.

Se não fosse o Travessia, poderia ter sido outro projeto. O importante foi acreditar, respeitar o momento dela e contar com o que ela tinha de melhor, que era o projeto de música. Foi uma luta, porque, naquele momento, ela também não se acreditava, embora já tivesse um número de composições feitas na Febem.

Outras pessoas gostavam muito da Esmeralda, tentavam apostar nela, mas não conseguiam ir além porque ela também não dava esse tempo. Ela tinha um ritmo completamente acelerado, não parava para essas coisas."

**Correria pré-maioridade**

"Nós não admitíamos perder a Esmeralda. Por isso, tivemos que enfrentar uma correria um pouco antes da passagem dela para a maioridade — garantir conselho tutelar, abrigo —, para que ela pudesse sair e começar a vida dela. Ela teve que acreditar também. Não existem hoje abrigos que permitam a entrada de alguém a poucos dias de completar 18 anos e com um histórico de rua tão grande.

Por sorte, conseguimos obter uma relação de confiança com os outros projetos. A Esmeralda não precisava simplesmente de um abrigo. Precisava acreditar nela, vencer todas as dificuldades, se cuidar. Era uma questão que envolvia a saúde, em todos os aspectos."

embaixo bem pequenininha. Eu me sentia assim, me sentia inferior. Estava vivendo coisas novas, nunca tinha vivido aquilo, de dormir em casa, ir pra casa, comer em mesa, tudo aquilo era coisa nova. O Rafik falava comigo e eu dizia que estava tudo mal, que ninguém ia querer ser meu amigo, que eu não tinha mais amigos, que eu era sozinha, que ninguém mais gostava de mim.

Eu estava me sentindo perdida, perdida no mundo. Tinham cortado o meu cordão umbilical, tinham tirado as coisas que me moviam: a droga, roubar e a rua. Me tiraram daquele mundo e me jogaram pra outro.

## Terapia

Eu estava a fim de sair da vida da rua e das drogas, mas aquela vida tinha as coisas que me ligavam. É como alguém que mora há trinta anos na Vila Madalena e de repente, do nada, vai morar na Freguesia do Ó. No começo vai se sentir mal pra caramba. Eu sabia que tinha que abrir mão dos meus amigos, tinha que arrumar pessoas diferentes, e aquilo me doía pra caramba. Então entrava numa depressão, ficava direto na depressão, e comecei a tomar remédio.

O terapeuta falava que eu estava vivendo coisas novas, que o tempo ia conseguir mudar. Eu sentia muita vontade de usar droga, de roubar. Ficava fissurada e falava, falava, era muito nervosa.

Eu falava da minha mãe, que eu tinha muito ressentimento. Tinha muita raiva de tudo, de todos. Era como uma bola de neve dentro de mim e um vazio do caramba. O Rafik falava pra eu mostrar os meus sentimentos, botar as coisas pra fora. Na terapia e no Travessia, comecei a aprender a lidar com os meus sentimentos, a lidar com o passado.

O Rafik se parece com o Enéas, aquele político do "meu nome é Enéas". É barbudo, careca, nariz igual ao dele, alto, magro. Mas no primeiro dia que eu o vi, ele estava todo sério. Ele tem uma fisionomia séria e eu pensei: "Esse homem deve ser mó estranho, mó esquisito". Mas conversei com ele e comecei a me identificar. Depois comecei a me identificar com as ideias dele.

Estação Júlio Prestes

No começo eu não falei quase nada com ele. Falei que era menor de rua, que tinha ido pra Febem, falei meu nome, falei minhas ideias, que eu não estava gostando de nada que o pessoal estava fazendo pra mim, que o que eu queria mesmo era ir ficando na Febem, ou na rua, em qualquer lugar. Porque eu estava estranhando tudo. Falei que eu era mais feliz na rua, que lá eu não estava sendo, era totalmente diferente. E ele falou pra mim que isso era uma fase, isso acontecia na vida de qualquer um. Eu sentia muita vontade de usar droga e falava isso pra ele.

Ele perguntou se eu sentia muita fissura e eu disse que sim. Mas eu era muito fechada, não conversava muito. Então ele falou das oficinas, que eram muito legais.

Ele trabalhava comigo a questão da minha mãe, a questão do meu dia a dia. Eu falava pra ele sobre os meus problemas, ele me dava retorno. Às vezes ele só me ouvia. Às vezes, eu chegava pra sessão com raiva, mandava ele se danar. Ele ouvia e respondia: "Isso mesmo, eu vou me danar e o que mais? Eu sou filho de uma mãe, essa porcaria não presta, pronto. Você falou tudo que você tinha pra falar? Você está certa, parabéns!".

Ele deixava eu extravasar a raiva. Às vezes ele ficava cantando um samba pra mim, uma música do Adoniran Barbosa. Ele trabalhou meu relacionamento com a minha mãe. Eu falava muito dela. Depois que ela morreu, eu sonhava muito com ela, tinha medo que a alma dela aparecesse pra mim. Na verdade, eu não tinha medo da minha mãe, eu tinha medo das histórias que ela contava. E às vezes eu falava que estava difícil ficar sem usar droga.

No começo o Rafik me dava remédio. Mas um dia eu falei: "Olha, a partir de hoje não vou mais tomar remédio. Acho que sou capaz de ficar sem remédio, porque senão vou levar a minha vida toda só tomando remédio, e eu não quero". Aí eu parei de tomar remédio.

Ele me cutucava um pouco sobre meu passado, mas deixava eu falar das coisas. Depois, quando fiquei apaixonada, eu só falava de namorado. Eu tinha me apaixonado pelo Alexandre. Mas a gente nem chegou a namorar, nós só "ficamos".

O tempo ia passando e os problemas iam mudando. Já não era mais o problema da droga. Tinha vez que era paixão, depois era porque eu queria arrumar um serviço e estava difícil, depois, quando eu já estava trabalhando, foi porque eu estava com raiva do meu chefe. E o Rafik sempre falava da droga, falava das sequelas que a droga deixou. Ele me estimulava pras coisas. Na terapia a gente falava de tudo. Ele pedia pra eu falar o que eu tivesse que falar. Mas eu não chorava. Eu tenho vergonha de chorar na frente do Rafik. Às vezes eu xingava, mas sem violência, não chutava as coisas. Quando eu estava louca de crack, eu dormia na sala dele.

A gente tocava no assunto de "ficar" com as meninas quando eu estava na rua e na Febem. Eu não me apaixonava por elas. Só uma vez eu me apaixonei por uma menina e fiz uma promessa pra ela: eu não voltaria mais pra rua. E não voltei mais. O nome dela era Roselaine, o apelido era Nani. Eu falava só dela pro Rafik. Acho que ela tinha 16 anos, eu tinha 17. Ela era pequena, tinha 1,50 metro mais ou menos, cabelo liso até os ombros. Ela era inteligente, nem usava drogas. Nem sei por que ela estava na Febem. Eu cheguei a gostar da Nani. Ela me ajudou bastante, ela me disse: "Você vai ter que sair da rua e vai largar das drogas". E foi por isso que, quando fui pra Casa de Passagem, eu não fugi.

## Tentação

Eu tinha medo de me aproximar das pessoas, tinha medo que as pessoas me reconhecessem. Eu me rejeitava com medo de ser rejeitada, tinha raiva de tudo. Foi tudo se acumulando. Eu ficava nervosa o dia inteiro. Quase todos os dias eu batia em todo mundo lá no Travessia. Eu olhava para um menino e, se não gostava dele, eu saía no braço. Olhava pra uma menina, não gostava, batia mesmo. Pra mim ainda era aquela lei: pra ser respeitada, tinha que bater. Era assim.

Com o tempo, fui percebendo que as pessoas estavam se afastando de mim. As poucas pessoas que eu estava vendo estavam se afastando de mim. Acho que eu queria que todo mundo soubesse que um dia eu tinha ficado na rua, que eu fazia e acontecia, mas lá não era igual à lei da rua.

Ali onde ficava o Travessia, na Rua Tabatinguera, tinha uma janela que dava para um terreno baldio. Aquilo me deixava na pior tentação, porque pra ir lá eu sempre passava pela Sé e via todo mundo numa boa, usando droga. Eu me sentia mal pra caramba, tinha inveja dos mendigos, tinha inveja de todo mundo. E eu pensando: "Eles são felizes. Não precisam acordar cedo, não precisam trabalhar, não precisam fazer nada. Todo mundo aí, na pior, mas feliz".

Naquela época eu tinha reforço escolar com dois professores. Eu ia pro Horto Florestal, ia pra museu, tinha que tirar documento. No Quixote não forneciam alimentação, mas tinha terapia, oficina, aula de culinária. E eu continuava dormindo na Casa de Passagem. Amigos eu tinha, mas pra mim meus amigos não eram ninguém, amigos era o pessoal que estava na Sé, ainda naquela vida. E eu ia direto na boca. Na hora do almoço eu falava pra educadora que ia passar na Sé pra ver se achava o meu irmão. Era só atravessar a Tabatinguera e já estava ali, na boca, visitando o pessoal. Mas eu não queria usar droga, tinha que me manter firme.

# 8 RECAÍDA

Era difícil me manter firme com todo mundo me tratando bem, os traficantes me dando roupa, relógio, dinheiro, me abastecendo, me seduzindo pra voltar. Porque antes era eu que abastecia eles. Tinha vez que eu gastava dois paus com eles, só com droga. Eu era a que mais comprava droga ali na Sé. Eu andava suja, muquirana, mas droga pra mim não faltava. Agora eles tinham perdido uma freguesa. Eu sempre dava uma passadinha pra ver o pessoal, porque me sentia segura ao lado deles. Mas não queria voltar para aquela vida. Se eu voltasse, a Rose iria atrás de mim na noia, e eu ia ficar com vergonha dela.

Mesmo estando no Travessia eu ia pra boca direto, pra falar pros outros que eu tinha parado de usar droga. Eu ficava trocando umas ideias com o pessoal: "Olha, meu, eu parei de usar droga, tal", e o pessoal lá na roda de samba: "Pô, você parou de usar, Esmeralda?". Eles lá, com a mão bolando um baseado, dizendo: "Pô, que legal, bola aqui pra mim, tó, bola aí". E eu: "Parei de usar droga". Eles continuavam: "Bola aí pra mim, tá o maior barato. Dá uns 'dois' aí pra você ver". E eu: "Tô limpa, não uso droga. Por isso vocês são noia assim". O pessoal ia assaltar banco, me chamava pra ir, e eu não podia ir.

Eu falava com o pessoal, conversava, queria saber quem tinha sido preso, quem não tinha, ia caçar assunto. O pessoal lá, cachimbo na mão, e eu trocando ideia, namorando a droga, conversando, querendo saber se meu irmão estava preso. Eu queria saber quem estava na rua, quem estava comandando, como estava a "boca". Às vezes eu ia "fazer avião" pra eles, buscar droga, e às vezes eu ia na cadeia e fazia ponte. Quando acabava a droga pra vender lá na cadeia, o pessoal falava pra mim, eu falava pro traficante e o traficante mandava levar a droga. Meu irmão não sabia que eu fazia isso.

Então, quando eu passava pra ver o pessoal na Sé, eles ficavam dizendo: "Vai, Esmeralda, dá um peguinha". E eu: "Não, não posso usar, senão o pessoal vai me chamar de noia de novo". E eles lá: "Poxa, Esmeralda, você é sangue B. Sempre quando você tava na rua você fazia presença pra mim". Eles colocavam aquela rocha no cachimbo, dando pra eu fumar, e eu: "Não, meu, parei. Para com isso". Mas davam cinco minutos eu estava com o cachimbo na mão, usando droga. Eu dizia: "Eu vou dar só esse peguinha aqui e não vou usar mais". E aí era a noia de novo. Ficava na noia que a Rose ia vir. Todas as motos que eu via, pra mim era a Rose da Moto atrás de mim. Comecei a usar só uma vez por semana, só um peguinha de crack.

Minha noia era mesmo a Rose, porque, se ela soubesse, ia ficar falando um monte pra mim. Mas na outra semana eu estava lá de novo. Eu abria a janela no Travessia, que era de frente pra casa da traficante, ela me dava um tchau, mandava eu descer, eu descia. E foi assim que, uma vez por semana, recomecei a usar droga. Eu ia e ela me dava um monte de maconha pra eu fumar. Eu que sempre ia pro Travessia, dava uma semana, eu sumia, depois voltava.

Eu continuava a terapia, porque o medo de voltar pra rua era muito grande. No fundo eu estava sentindo que era legal morar numa casa, eu era muito insegura. Eu estava na Casa de Passagem e sabia que não poderia ficar ali por muito tempo. Um dia, fui visitar a minha irmã. Então começou aquela briga de família, ela falando: "Quando você usava droga, você fazia isso, aquilo outro. E quando a mãe morreu, se você tivesse aqui a mãe não tinha morrido". Aquilo me enchia o saco, eu não tinha paciência. Minha irmã ficava falando coisas desse tipo, que nossa mãe tinha deixado o barraco pra nós e eu não estava lá nem pra olhar, que meu pai tinha ido lá, vendido, que nossa mãe tinha ficado doente, se eu estivesse lá, a mãe não teria morrido...

Minha irmã me culpava porque ela foi a única pessoa que ficou em casa, a única pessoa que não fugiu. Dizia que não tinha necessidade de eu e meu irmão termos fugido, que, se eu tivesse aceitado Jesus antes, eu não estaria na rua. Ficar com ela era uma barreira, não ficar também. A única alternativa que eu tinha era morar na Casa de Passagem. Mas eu ficava insegura, ficava entre a rua e a Casa de Passagem. Eu ia pra boca e ia pra Casa de Passagem. Eu não sabia se ia vir uma "ordem de despejo", então comecei a ir pra rua constantemente.

Eu tive uma recaída. Achava que eles na rua eram felizes e eu não era. Criei a imagem de que não tinha outras pessoas, todo mundo estava na rodinha, usando droga, todo mundo feliz, menos eu. Quando eu ficava na rua percebia que na Casa de Passagem eu era feliz e não sabia. Eu lembrava que, numa hora daquelas eu estava lá, já tinha tomado banho, já estava assistindo TV. Eu pensava: "Tô aqui, numa maior noia, tá frio, chovendo, tô debaixo da chuva, a polícia atrás de mim...".

Tinha caído a ficha, e eu achando que não ia mais poder voltar pra Casa de Passagem, "Eu já tô com 18 anos, ninguém me atura mais. O Travessia nem vai querer mais olhar na minha cara. Joguei tudo pra cima". E o pessoal da boca começou a me julgar: "Tá vendo? Olha o que você fez. Você tava numa boa lá. Quem mandou você vir pra boca, sua noia?". Eles diziam: "Some daqui. Você é uma paranoia. Não tem droga pra você não. Some, some, some, tá embaçando. Se a polícia vier aqui, é você que vai segurar o B.O.". E um falava: "Se eu for pra cadeia, eu volto e te mato, você entendeu?". Na hora de oferecer a droga eu era superlegal, depois era "Some daqui, vai, vai. Você tá fedida, vai tomar banho, Esmeralda!". Então eu comecei a perceber. Eles dizendo: "Pô, Esmeralda, tá vendo como você é, meu? O pessoal tava te ajudando, você tava estudando, fazendo curso, e você voltou pra rua, vai se danar agora...".

Minha cabeça estava num confronto. Era uma sensação estranha, todo mundo me culpando: "Quem mandou você usar droga? Você tá fodida, vai ficar na rua, vai morrer de overdose". Eu estava num lugar, a polícia me espirrava, me enquadrava. Na rua, quando eu acordava, todo mundo passando, e eu morrendo de vergonha. Eu não conseguia olhar pra cara de ninguém. Entrava num bar pra beber água, tinha vergonha de olhar pras pessoas, tinha vergonha do meu estado, tinha vergonha de mim. Eu me julgava incapaz. Eu me sentia um lixo naquele centro movimentado.

Acho que tive a recaída porque eu mesma me enganei: antes de fugir, eu pensava que era feliz com a droga, mas era o contrário. Foi aí que comecei a ter percepção das coisas, porque na Casa de Passagem eu já estava tendo uma vida diferente, estava aprendendo a viver num outro mundo. Quando voltei pra rua, tomei um baita choque. As coisas não estavam como antes, tudo tinha mudado.

Nessa época às vezes eu dormia no Papelão, um casarão abandonado no Glicério. Um dia, o pessoal do Travessia foi me buscar de táxi, e eu numa paranoia, usando crack. Eu achava que eles iriam entrar lá com um monte de policiais pra me pegar.

Eles bateram na porta e, quando vi que eram eles, corri pro banheiro, achando que a polícia também estava lá. Eles contaram que eram do Travessia e que queriam conversar comigo. Junto estavam alguns meninos do Travessia que tinham feito uma faixa dizendo "Volta Esmeralda". E levaram uma carta pra me mostrar.

Eu fiquei morrendo de medo. O pessoal da boca dizia pra eu ir embora, porque senão os caras iriam me sujar. "Eles tão querendo que você vá lá com eles. Se você não for, a polícia vai embaçar aqui", eles falavam. Eu dizia: "Fala que eu não tô aqui, fala que eu não tô aqui, pelo amor de Deus". Eles esperaram, esperaram e esperaram. Acharam que eu não estava ali e foram embora, mas deixaram a carta. A carta foi um despertar espiritual. Quando eu li, foi uma luz. Eu não sei explicar. Ela dizia mais ou menos assim: "Eu sei por que você fugiu do Travessia. Estamos muito preocupados com você e queremos que você volte".

Eu achava que voltaria pra rua e que ninguém iria ligar pra mim, que seria um alívio pra eles, mas eles mostraram que não era nada disso, que estavam preocupados comigo. Se eu não quisesse voltar naquele dia, podia esperar pra ficar careta e voltar. Eu pensei: "Ah, não vou voltar, não. Ainda tem pedra". Então eu fiquei.

Ali no Papelão eu vendia droga pra uma menina traficante. Entrava um monte de gente lá e eu não estava nem aí. Eu queria era vender e usar o crack, e vendi pra dois carinhas. Os carinhas eram gansos, caguetas, dedos-duros, ou eram policiais vestidos de noias, ou até noias que caguetam pra ganhar pedra de crack, por isso eles voltaram com um monte de policiais.

Praça da República

**MAX DANTE é psicólogo e começou a trabalhar como educador em 1990. Conheceu Esmeralda quando trabalhou na Fundação Projeto Travessia.**

### Autonomia familiar

"Em casos como o da Esmeralda, pela idade, pela condição em que a família está vivendo ou até pelo desaparecimento da família, a gente precisa encontrar uma alternativa. Procuramos trabalhar a autonomia do adolescente que está quase completando 18 anos. Mesmo tendo família, é importante que ele vá se tornando autônomo. Estamos buscando alternativas, até mesmo viabilizar moradias comunitárias, como repúblicas para jovens."

### Processo de recuperação da Esmeralda

"Lembro quando vi a Esmeralda tendo mais cuidados consigo mesma, com sua imagem, seu corpo, sua aparência. Até então, ela vinha naquele modelo menina de rua, suja, largada, descalça, toda rasgada. Um dia, ela apareceu toda bonita, arrumada, com bijuteria, e falei: 'Que bom, a Esmeralda está voltando a gostar de si'. Calculo que tenha demorado quase um ano essa mudança de imagem.

Dali pra frente, ela começou a crescer bem mais rápido. Sempre chegava contando alguma coisa que queria fazer, projetos de futuro."

### Relacionamento

"A Esmeralda sempre chegou ao Travessia fazendo aquela bagunça, cumprimentando todo mundo, mesmo no período em que estava na rua. Fazia questão de conversar pelo menos um pouquinho com todo mundo. De alguma forma, ela sabia que muitas pessoas ali se preocupavam com ela."

### Oficina das letras

"Nas oficinas das letras, pelas quais a Esmeralda passou, a ideia era transformar os sonhos em projetos de vida. É algo que você constrói junto com os meninos, partindo de um ponto para chegar a outro, com um caminho entre esses dois pontos."

Tinha Rota, tinha Denarc, colocaram todo mundo no paredão e começaram a dar couro. Pegaram um menino e deram choque, e me deram umas porradas. Eu pensei que ia pra cadeia, mas eles me liberaram.

Fiquei usando droga mais um tempo, mas os traficantes começaram a pedir pra eu ir embora. Eles diziam: "Sai dessa vida". Todo dia eles me davam um conselho: "Você tinha saído, cê tava mó bonita. Agora você voltou e tá mó feia e descabelada. Volta lá pro pessoal que tava te ajudando". Eu pensava: "Eu vou parar". No outro dia, eu usava de novo. Então eles me deram uma força, compraram roupa pra mim, me deram comida e deixaram eu dormir lá. Eu fiquei morrendo de medo que a polícia fosse me buscar. Depois de uma semana, quando a água bateu na bunda, fui buscar ajuda com o pessoal do Travessia.

Liguei pra um educador perguntando se podia voltar. Ele falou que eu podia, que estava todo mundo preocupado comigo. Então eu voltei. Achei que eles não iam me aceitar, mas eles me aceitaram. Fiquei com vergonha de olhar pra cara deles. Eu estava toda suja, fedida, o pessoal nem me reconheceu.

Fazia uma semana que eu estava sem comer, estava pregada. Logo que cheguei no Travessia, a Rose perguntou se eu queria sair daquela vida, se eu queria uma internação. Como ela estava enchendo o saco, falei que queria. Eu estava grogue. A Rose me colocou pra tomar banho. Fiquei sentada no banheiro e ali mesmo eu dormi.

**9 HORA DE MUDAR**

Eles marcaram uma reunião. Estavam dois educadores do Travessia, o Rafik e a coordenadora da Casa de Passagem. Eles queriam que eu falasse o que eu queria da minha vida. Se eu quisesse mudar, eles me ajudariam. Se eu não quisesse, eles abririam mão de mim: ou eu continuava lá, ou eu voltava pra rua. Então eu parei e pensei: "Vou ter que dar um rumo na minha vida". O Rafik falou: "Nós arrumamos uma clínica pra você ficar internada. É muito legal lá. É pra você fazer tratamento por causa da droga. Você pode ficar internada lá. Se você não quiser, Esmeralda, a gente não vai poder fazer mais nada por você, porque do jeito que está não tem mais condições". Então a ficha caiu.

Eu não queria ser internada, eu só aceitei pra agradar o Rafik e todo mundo. Eu pensei: "Ah, vou ficar internada, quando eu estiver boa, volto a usar droga. Isso agora é só pro pessoal não ficar falando que eu não faço nada".

Então me levaram para a clínica psiquiátrica. Uma educadora do Travessia ficou comigo e mais uma profissional de plantão.

Quando me deram um remédio pra eu dormir, eles me falaram: "Este remédio é pra você dormir". Eu dormi durante uma semana. Por causa do cansaço, da droga. Fiquei na clínica um mês e depois voltei melhorzinha, mas ainda estava meio grogue. O remédio que eu tomava era muito forte, meu corpo ficava mole.

Quando saí da clínica voltei para a Casa de Passagem. Mas eu já tinha 18 anos. O pessoal da Casa de Passagem não estava mais querendo me

**RAFIK JORGE CHAKUR** é psicanalista e trabalhou na Prefeitura de São Paulo com a população das periferias de todas as regiões da cidade. Conheceu Esmeralda quando passou pelo Projeto Pixote. Trabalhou dez anos no Departamento de Saúde, com crianças com supostos problemas de aprendizado. Na posição de psicanalista, sua ótica é: "O que está por trás disso tudo?".

### Uso circunstancial da droga

"A pessoa cheira cola, mas, no momento em que começa a pensar em outras coisas, a droga fica muito longe da vida dela. Também é preciso levar em consideração que a circunstância de fazer uso de droga num desequilíbrio emocional permanece. O que acontece com esse adolescente é que, toda vez que ele está num impasse, pinta aquela ideia de voltar, cheirar cola, ou isso ou aquilo. Não é esse monstro. A sociedade necessita de mecanismos mais claros para poder suportar certas situações."

### Esmeralda no primeiro momento

"Ela começou a vir em 6 de agosto de 1997. Vinha, depois sumia, depois vinha. Digo 'sumia' porque toda a psicoterapia é um rito de a pessoa vir pelo menos uma vez por semana. Mas, quando está muito louca, ela não entende de rito nem de nada. Vem na medida em que está a fim de falar.

O que eu podia fazer naquele primeiro momento era ficar à disposição, ouvir e trabalhar com aquilo que estava ouvindo, da forma mais técnica possível. Houve um período, por exemplo, em que já estávamos esquematizando o que ela fazia: 'Segunda-feira, fico no Aletramento, lá do Travessia; terça, teatro, aula em Pinheiros; na terça de manhã, estudo; à tarde, esporte, vôlei na Barra Funda'. Na quarta de manhã, quando tinha aula de pintura e terapia, ela dizia: 'Vou ver meu irmão'..."

### Internação para mudar o discurso

"Ela estava na Casa de Passagem, em Santana. Toda casa tem regras. Às vezes, é possível construir as regras com os meninos, mas às vezes isso não é possível. Constroem-se primeiro algumas regras, depois se avalia se elas funcionam ou não ao longo do tempo. Havia períodos em que ela transgredia, usava drogas, não retornava para a Casa. Então, gerava certas situações. Foi quando resolvemos fazer a intervenção.

Alertei que ela estaria indo para a clínica não porque tinha problema com drogas, mas porque foi a única intervenção que encontrei naquele momento, junto com o pessoal. Eu disse: 'Apoio essa intervenção porque quem sabe isso muda o discurso dela'. E aconteceu de mudar. Mas poderia ter sido qualquer outro tipo de intervenção. No caso, foi a clínica."

**Internação como ruptura**

"Ela dormia. De repente, acordava e eu dizia: 'Estou esperando que você diga alguma coisinha, nem que seja: Tchau, volto noutro dia'. E assim foi. Até que um dia a Maju me perguntou o que eu achava da situação e eu respondi: 'Acho que temos que tentar alguma coisa nova, talvez uma internação. Quem sabe ela muda um pouco essa maneira de ver as coisas'. A grande questão desses meninos é que eles fixam uma coisa na cabeça, por exemplo, uma revolta com o social ou uma transgressão de lei. A pessoa fica emitindo aquelas transgressões, mas não por intenção própria. É um mecanismo de defesa para poder viver. Sugerimos a internação e a Esmeralda topou. Quando voltou, eu disse: 'Agora é hora de fazer o gancho'. Do jeito que a situação estava antes, não era possível trabalhar."

aceitar, porque lá só ficavam crianças e eu acho também que eu era um problema. Eles queriam que eu fosse pra casa da minha avó, que eu construísse uma casa no terreno. Ficavam me pressionando direto, e aquilo ia ficando na minha cabeça: "Pô, eu estou a mais aqui, estou a mais aqui". Então vinha a vontade de usar a droga. Eu não estava mais aguentando aquilo. Fiquei morrendo de medo que eles me mandassem embora. Eu não queria mudar, nem pra casa da minha irmã, nem com outra pessoa da família, então briguei com eles. Eu pensei: "Quer saber de uma coisa? Vou pra rua de novo. Se eles estão me pressionando é porque eu estou criando um problema pra eles".

Então, o pessoal do Travessia reconheceu que a situação estava difícil e se responsabilizou por pagar uma pensão pra eu morar. Eram 160 reais. Eu estudava e usava dois passes pra ir e dois pra voltar da escola, usava passe pra ir pra clínica, passe pra ir no curso de artes no Ibirapuera e voltar, passe pra ir pro Quixote, perto da estação de metrô Santa Cruz, e passe pra voltar pra pensão. Por dia, eu tinha que fazer todo esse percurso e esse gasto. Eles me davam 70 reais pra eu fazer compras e mais 80 de bolsa para qualquer outro gasto. Eles iam comigo fazer compras no supermercado. Esse contrato foi fechado comigo durante um ano, com o pessoal do Travessia. O Quixote era responsável para me ajudar a arrumar um serviço.

Completaram seis meses e comecei a ficar atrás de trabalho, precisava encontrar alguma coisa. Foi quando conheci a Gisele, que trabalhava no Quixote com assuntos de família. Eu e a Gisele andávamos a Vila Mariana toda, batendo de porta em porta, parando pra perguntar pros caras do posto de gasolina se eles tinham serviço pra arrumar, que eu era do Projeto Quixote. Nós fomos na casa da tia dela, na casa de um monte de gente, pelas ruas, pelas agências. Eu achei isso muito legal, eu não me sentia sozinha.

A Gisele começou a ter um papel muito importante na minha vida, porque tudo era mudança, era responsabilidade. Aquilo tudo mexia comigo. O pessoal do Travessia estava com medo, mas dizendo: "Vamos lá, você vai conseguir". E a Gisele do outro lado, sempre me ligando. Isso fazia eu não tropeçar, fazia eu sempre conseguir ficar no caminho certo. Eu tinha apoio de um lado e apoio e incentivo do outro. A Gisele estava me apoiando, o Travessia e o Quixote, e eu estava indo atrás também.

Logo pintou o Paulo Santiago, do Novolhar. A Gisele contou pra ele o que estava acontecendo e o Paulo me aceitou no Novolhar. Ele falou que lá eu não ia ser remunerada, mas pelo menos iria aprender alguma coisa profissionalizante, produção pro canal 15. Mesmo assim nós não paramos de ir atrás de um trabalho remunerado.

A gente estava fazendo um vídeo e a Gisele falou pro Paulo Santiago que conhecia o Júlio Abe, um arquiteto importante que tem um

**NOVOLHAR** — ONG produtora de matérias jornalísticas produzidas por jovens recém-saídos da rua. Criada em 1999, tem matérias veiculadas na TV PUC.

escritório na Rua Frei Caneca, e explicou pra ele a minha situação, que o Travessia não estava mais podendo arcar com as minhas despesas. Eu ia fazer vinte anos e precisaria de um lugar pra eu trabalhar, porque tinha de me sustentar. Então o Júlio me chamou pra trabalhar com ele.

Com o Júlio comecei a trabalhar recebendo 130 reais. Eu fazia brindes pro Museu Memória do Bixiga, como bótons e estamparia de camisetas. Eu trabalhava todos os dias e ele me dispensava quando eu tinha outras atividades.

Na TV PUC a gente fazia de tudo. Eu não recebia, mas pra mim estava bom, porque eu aprendia.

Então pintou um curso de guia turístico, que eu fui fazer. Estava superlegal, mas eu precisava de outro emprego. Eu trabalhava com o Júlio, frequentava a clínica, o Travessia e o Quixote, e estava fazendo o curso de guia turístico, mas sempre caçava o assunto de estar procurando emprego. O Travessia já não tinha grana pra pagar o aluguel da pensão. O meu salário eu ia sempre guardando, ia dando pra educadora guardar pra mim. A Gisele ficava no maior pânico. Eu estava com medo de voltar pra rua, porque já estava acostumada com a vida nova. Foi então que uma colega da Gisele falou que num ateliê de joias de um conhecido dela estavam precisando de alguém pra ajudar na limpeza e perguntou se eu não queria.

Eu falei com o Júlio, meu chefe, expliquei pra ele a minha situação e ele disse: "Ah, Esmeralda, você fica aqui duas vezes por semana, ganhando a mesma coisa, e depois você vai para o ateliê". Mas eu tive mesmo que sair do Júlio, porque o projeto com o Museu Memória do Bixiga terminou. Então fiquei só no ateliê. O Travessia falou: "Nós não podemos pagar mais nada pra você a não ser passe pra você ir pra escola". Eu decidi ficar só no ateliê, recebendo 150 reais. O dinheiro não dava, mas eu não ficava depressiva. Sempre firme. E eu já estava "limpa" há quase um ano. Estava desencanada das drogas. E estava apaixonada por um pagodeiro.

**GISELE PORTO** é psicóloga e educadora. Trabalhou no Projeto Quixote e na Associação Novolhar, onde conviveu com Esmeralda.

**PAULO SANTIAGO** é jornalista, trabalha com a produção de vídeo na área social desde 1992. Trabalhou com pacientes da Casa de Saúde Anchieta, em Santos, e com jovens em situação de risco na TV Comunitária do Bixiga.

### Participação da Esmeralda no Novolhar

### Gisele

"A Esmeralda começou achando uma chatice, porque tinha aula, aula e aula. Depois, nas produções, ela se envolveu muito, sempre fez com muito entusiasmo.

Ela contribuía bastante com ideias. As tarefas eram divididas, mas a Esmeralda não conseguia cumprir a parte dela. Num primeiro momento, isso foi um motivo de atrito entre ela e o resto do grupo. Mas foi sendo superado.

A Esmeralda trazia muitas contribuições de vivência. Ela fazia produção e reportagem. As matérias dela eram feitas de um jeito muito divertido, muito criativo, muito espontâneo. Ficavam bárbaras. O resto do pessoal a ajudava a fazer transcrição, roteiro, a coisa mais formal, mais organizadinha, que ela não conseguia.

No final do trabalho, do fim de 1999 até maio de 2000, ela praticamente conseguiu bancar dois ou três programas praticamente sozinha. Foi atrás, descolou as pessoas, fez as entrevistas, transcreveu inclusive, coisa que ela não fazia. É um avanço muito grande em termos de disciplina de trabalho. Ela começou a entender o processo todo."

### Cultura negra e antropologia

### Paulo

"A Esmeralda decidiu trabalhar muito em relação à cultura negra. Foi pesquisar a história do negro, o candomblé, fez capoeira, foi ver o Kabengele Munanga, o antropólogo. Ela agora acha que vai estudar antropologia."

### Gisele

"Em maio de 2000, fizemos um programa única e exclusivamente sobre negros. A Esmeralda entrevistou o Munanga — fez o contato e foi entrevistá-lo na USP. Ele falava da força da história do negro, que eles trouxeram a tecnologia da mineração, que eles têm uma riqueza cultural muito grande, que, ao longo da história brasileira, sempre estiveram na literatura, na música, e que só não estão na tecnologia, hoje, por uma questão social, econômica. E a Esmeralda foi se emocionando. Foi um processo inteiro de resgate da identidade étnica, pessoal.

Outro dia, ela disse: 'Quero casar com um negro pra ter filhos negros'. 'Mas e se você se apaixonar por um branco? Por que você quer casar com um negro?' 'Porque quero fazer esse negro fazer faculdade, quero que meus filhos façam faculdade, pra ter mais negros na faculdade.' Eu disse: 'Esmê, você não precisa casar pra fazer isso. Você pode convencer seus amigos negros a fazerem faculdade'."

## Estranho amor

Eu ia completar vinte anos. Recebia uma mixaria, mas mesmo assim nunca deixei de trabalhar. Uma vez fui na Choperia Polo Norte, perto da Serra da Cantareira, um lugar onde eu sempre ia. Lá estava tocando um grupo de pagode, o Sem Saída.

Tinha um cara que não parava de olhar pra minha cara. Eu não estava a fim de nada, não queria nada com ninguém. O cara estava tocando e mandando beijo pra mim, dando um toque que queria falar comigo, e eu lá, desencanada. Até mudei de mesa com a minha amiga. Eu só saio com quem não bebe, só fico na turminha de quem não bebe. E sem beber eu sou a que mais faz bagunça. O cara não via a hora de terminar de tocar pra conversar comigo. Tinha um monte de menina dando em cima dele, e eu não achava que era comigo que ele queria alguma coisa. Fiquei até sem graça. Ele insistiu, insistiu, até eu ficar com ele. Nós começamos a namorar.

A gente ficou um bom tempo, mas eu nem gostava dele. O nome dele é Ricardo, mas eu chamo ele de Dodozinho. Só depois eu me apaixonei por ele. Eu me apaixonei por ele, mas ele me chutou. Sofri pra caramba, fiquei mal, em depressão, não tinha forças pra fazer nada, achava que ele era a minha vida. Eu me acabei por causa dele, tinha raiva dele, mas não sentia vontade de usar droga. Eu não queria mais saber de mim. Nunca tinha sofrido tanto.

Quando eu era pequena, eu fantasiava. Eu via um cantor famoso e imaginava ele casando comigo, sendo meu namorado. Mas isso era só fantasia. Eu devia ter uns cinco anos. Eu imaginava mais esse cantor sendo meu pai, porque, quando a pessoa é famosa, um cantor, um ator, tem sempre um papel principal, um papel forte. Eu imaginava esse cantor como meu pai, porque não tive pai e isso me fez falta, e não pensava muito em namorado por causa dos abusos sexuais que sofri. Eu perguntava pra minha mãe: "Mãe, cadê o meu pai?". Ela começava a xingar o meu pai: "O seu pai é um filho da mãe, é um corno, seu pai sou eu". Ela falava sempre isso pra mim. Isso ficou na minha cabeça. Eu não conhecia o meu pai e queria saber dele. Eu só sabia que ele estava preso.

Quando fui pra rua, depois de todos os abusos que sofri, peguei medo de homem. Uma coisa ficava fixa na minha cabeça. Pelo lado da razão, eu pensava: "Não vou namorar com homem, porque posso engravidar, e aí eu vou ter um filho, e não tenho estrutura pra cuidar de uma criança". Pelo lado da emoção, eu tinha medo, medo do cara me pegar à força, me jogar na cama. Eu considerava todos os homens iguais. Então, um mecanismo de defesa que eu criava, pra não sentir vontade de fazer sexo, era completar as minhas carências com droga.

Apesar de eu conversar com os meus amigos de rua, eu tinha medo até de ver alguém fazendo xixi, porque lá na Sé a gente vê, todo mundo faz xixi na rua. Às vezes, sem querer, eu via o pênis dos meninos e morria de medo. Eu achava que era um bicho de sete cabeças. Fiquei nove anos sem ter relacionamento com ninguém.

Com a história da Aids, eu fiquei com mais medo ainda, porque na rua tinha meninos com Aids. Era horrível, eles ficavam jogados na rua. Os policiais tinham nojo de pegar a pessoa e levar pro hospital, ainda mais quando os doentes chegavam na fase final, não conseguiam mais andar, magros, com a boca e o corpo cheio de feridas, rodeados de mosquito.

Tinha até aqueles "bichinhos de arroz" nos machucados deles, e eles ali, sem comer, deitados em cima da grama, em cima de um papelão, com uma coberta, pedindo pelo amor de Deus, porque estavam sofrendo de dor. E ninguém fazia nada. Todo mundo passava, olhava, dizia "Ai, coitadinho" e ia embora. Ou deixavam uma moedinha, um prato de comida. Mas era disso que a pessoa estava precisando? Ela sabia que ia morrer, ia precisar de um pouco de atenção, um hospital. Se não quisessem levar pro hospital, que conversassem com o doente. Na rua somos carentes disso, ninguém para pra conversar com a gente.

Uma vez, fui pra cadeia, dei idade de maior e fiquei lá com a Pizinha. Na prisão tinha um corredor só de mulheres com Aids, na fase final, com tuberculose, bronquite, e não tinha socorro. O Estado mandava uns remédios. Vai saber o que eles mandavam... Eu ajudava as mulheres a tomar banho, a lavar as roupas, dava comida na boca das mulheres, ficava conversando com elas, por isso muitas pessoas gostam de mim. Sempre vivi com espírito de irmandade. Por mais que eu ficasse louca, sempre tratava os meus amigos de rua bem. Eu vivia com elas assim. Elas até me deram calcinha, quando eu cheguei e não tinha. Aliás, eu chegava e não tinha nada. Uma doente me deu uma calcinha. Só mandou eu lavar na água quente. Eu lavei e coloquei. Eu comia no prato delas. Mas no geral era horrível. Algumas ficavam catarrando, já na fase final. Tudo isso me dava uma visão das coisas, me ajudava a ver bem e pensar antes de querer ter uma relação sexual.

Noventa por cento das meninas que moram na rua sofrem abusos sexuais. Umas já sofrem em casa, outras vão pro lado da prostituição e os caras não respeitam. Por isso o único jeito dos homens não abusarem é as meninas andarem como homem, porque eles confundem. Eu comecei a ver que isso funcionava. A partir dos 14 anos, comecei a agir como homem: eu lutava, batia em todo mundo.

## Sexualidade

Agir como homem era ficar sempre autoritária, não ter medo de ninguém. E foi quando comecei a me relacionar com mulher, mas era uma coisa tão vazia, não significava nada pra mim. Eu não deixava mulher nenhuma tocar em mim, eu tinha até medo, só eu tocava no corpo delas. Se elas vinham passar a mão no meu peito, eu já tirava, se passavam a mão na minha bunda, eu já tirava. Meu relacionamento com elas era bem assim. Eu não queria ficar com ninguém, mas, se eu não ficasse com elas, elas iam me chamar de sapatão frouxa, aquela que só fala que é e não é. Então eu ficava, mas sem muito compromisso. Acho que eu fazia isso também porque estava conhecendo meu corpo, era fase da adolescência, eu não sabia de muita coisa.

Uma vez cheguei a ter namorada. Mas não tinha tempo pra namorar, a droga tomava todo o meu tempo. Quando eu estava na Febem, fiquei com uma menina, comecei a gostar dela, mas acabou nem dando certo. Fui embora e ela ficou lá.

Todas as meninas que iam pra Febem arrumavam namorada, às vezes até mesmo quem nunca tinha namorado mulher. As únicas que não arrumaram namorada, que eu me lembro, foi a Pizinha, a Cotão, irmã dela, mais duas meninas. O resto, as centenas que conheci pelas minhas passagens pela Febem, tinham as suas namoradas.

Na Febem, quem era sapatão apanhava. Elas eram as mais humilhadas. Eu não era muito porque sempre tive o meu lado carismático, mas no geral era humilhação demais, elas apanhavam por puro preconceito. Eu não me sentia igual porque, pra mim, me vestir de homem foi um meio de me proteger. Minha mãe nunca tinha falado nada sobre isso, nem as pessoas iam na Febem fazer orientação sexual. Na rua as meninas transam sem camisinha e os caras não estão nem aí.

Eu tinha vontade mesmo era de ter um namorado, mas não podia falar pra ninguém, ainda mais na Febem. Eu tinha vontade, mas tinha aquele medo. Eu rezava, pedia pra Deus preparar alguém pra mim, pra poder quebrar o meu trauma, porque, além de tudo, aqueles caras ainda tinham tido toda a chance do mundo de me matar.

Vale do Anhangabaú

A Pizinha foi a única pessoa por quem eu tive um sentimento de amor, mas não pra namorar. Eu gostava dela como uma mãe. O amor que eu tinha pra dar pra minha mãe passou pra Pizinha. Minha mãe tinha ciúmes, minha irmã também, ela ainda pergunta da Pizinha pra mim. Eu chamava a Pizinha de mãe de rua, ela era a minha mãe. E por ela ser uma pessoa esperta, todo mundo tinha medo, todo mundo respeitava. Ela não abaixava a cabeça nem pra polícia. Eu achava muito interessante isso nela, e foi legal criar um sentimento pela Pizinha, um sentimento de amizade muito forte. Nada desunia, a única coisa que nos separava era o crack. A gente usava o crack juntas, mas às vezes dava noia, a gente brigava, saía na mão. Ela me batia direto e eu tinha medo dela. Mas, quando cresci, parei de brigar com ela, comecei a ficar mais esperta. Parei e falei: "Agora você não me bate mais. Agora somos nós duas, mano a mano". Ela brigava bem, a Pizinha, mas sofreu muito também, e eu me identifiquei com o sofrimento dela. Desde pequenas a gente se conhece.

Eu considero que meus relacionamentos sexuais na rua nem eram sexuais. Ser sapatão era uma saída. Pelo menos, sendo sapatão, não ficava grávida. Mas eu tinha outro medo, porque falavam que eu tinha virado virgem de novo, que isso acontecia com quem ficava muito tempo sem transar. Falavam que eu tinha ficado virgem de novo e eu ficava com medo, porque falavam ainda que na primeira vez doía. Eu falei: "Pronto, mais uma tortura".

Quando saí da rua eu não namorava mulher, mas ainda andava como homem. Eu estava começando a frequentar uma instituição de apoio a ex-dependentes de drogas. Ia de calças compridas, tênis, uma blusa que cobria até o olho, ninguém falava que eu era mulher. Se eu colocar o meu cabelo pra trás, tirar o brinco, fico parecendo homem. Tenho duas caras. Eu ficava achando que ninguém ia me querer, porque eu andava como homem, porque eu era feia, porque eu tinha sido de rua. Eu tinha esses monstrinhos na cabeça, uma autorrejeição, e vinha de novo a história de que ninguém ia ficar comigo por causa da minha bunda e porque que eu era negra e não sabia como namorar um homem.

Eu ficava com medo que as pessoas descobrissem quem eu era verdadeiramente e me rejeitassem. Nesse grupo anônimo tinha um carinha que sempre ficava me olhando, mas ele me olhava diferente. Eu nunca pensei que ia namorar um homem. Nisso eu não podia nem pensar. Pra mim era o pior pecado. Mas ele me olhava de um jeito, o olho dele brilhava, diferente dos outros homens, que tinham me olhado brutalmente. Ele não.

## Um novo homem

O Alexandre é branco, tem mais ou menos 1,70 metro, um corpo igual ao meu, lábios grandes, meio orelhudo, mas até bonitinho. Hoje eu nem olho pra cara dele, deixei de curtir o Alexandre. Lá na reunião dos ex-dependentes de drogas, os homens e ele vinham me abraçar, como a gente faz em todo final de reunião. Eles vinham, mas eu não abraçava, eu tinha medo. Então ele ficava olhando pra minha cara de um jeito diferente, um jeito que eu não sei explicar. Comecei a olhar pra ele. Quando ia embora, eu pensava nele, mas em seguida eu pensava: "Não, isso nunca vai acontecer".

Eu e ele estávamos na reunião, ele direto olhando pra minha cara. E eu nem tchum pra ele. Ele não era um ex-drogado, era de uma igreja. E eu andava feito um homem. Só que ele me olhava de um jeito que eu achava estranho. Eu me perguntava: "Ué, o que é que esse cara quer?". Todos os dias ele pedia o telefone da Casa de Passagem, onde eu morava. Eu dava meu telefone pra ele, ele pedia de novo. Um dia eu falei: "Por que você quer o meu telefone? Todo dia eu dou meu telefone...". Do nada ele começou a falar comigo. Tinha uma coisa diferente no olhar dele.

Então a gente começou a trocar altas ideias. Um dia ele me convidou pra ouvir um CD. Eu nunca tinha visto um CD na minha vida. Ele falou: "Vamos lá em casa ouvir CD, depois você volta pra sua casa. A minha mãe fez uma lasanha, ela está convidando o pessoal pra ir lá. Vamos?". Essa parte era mentira dele, mas eu fui numa boa. Lá ele me convidou pra jogar baralho. Eu estava no quarto dele, e a mãe no andar de baixo. A gente estava ouvindo o CD em italiano, *Equilíbrio distante*, do Renato Russo. Antes de ir pra casa dele, ele perguntou: "Você gosta de CD?". Eu disse: "Só de pagode". "Você tem CD do quê?", eu perguntei. Ele disse que tinha de

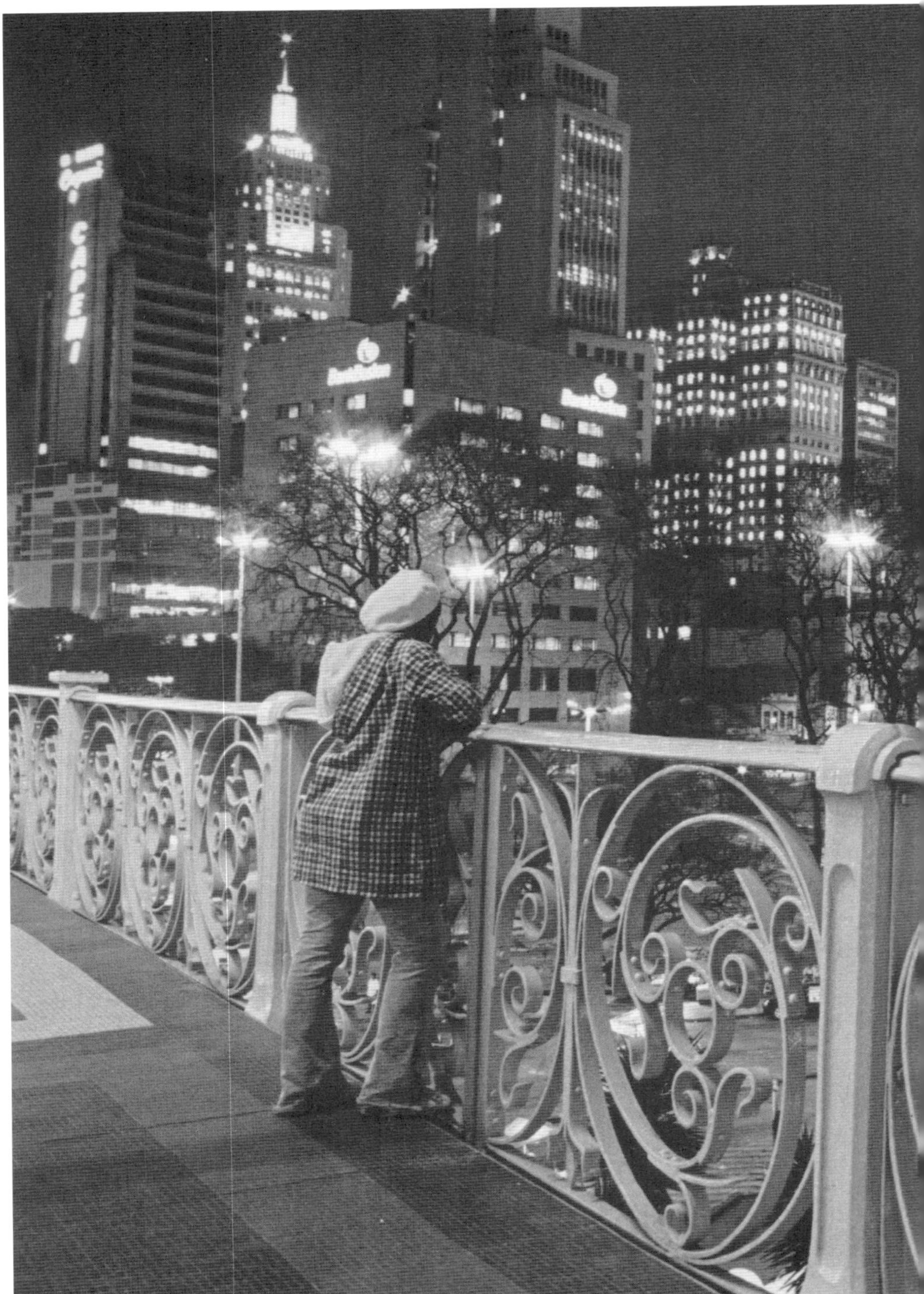
CAPEMI

Viaduto do Chá

pagode. Perguntei se ele tinha CD do Raça, ele disse que tinha um monte. "E do Bezerra da Silva?" "Vixe, do Bezerra da Silva eu tenho um monte. É o que eu mais tenho", ele falou. Mas aquilo era manipulação. Eu disse: "Vamos lá". Quando cheguei, só tinha um monte de CD de rock.

A gente estava ouvindo a música "Strani amori" e rolou um beijo selinho. Depois nós começamos a jogar baralho. Eu estava mó sem graça, mas comecei a olhar pra ele e comecei a viajar. Eu nunca tinha viajado por um cara. Então ele falou: "Ah, tá sem graça esse jogo. Vamos jogar valendo um 'toquinho'. Se eu ganhar, você me dá um 'toquinho'".

E a mãe dele lá embaixo. Acho que ele falou pra mãe dele não embaçar. Eu ganhava e ele ficava brigando, dizendo que ele tinha ganhado. Eu deixava. Mas na hora de dar um beijinho nele, eu falei que não. Eu pensei: "Como esse cara quer um beijo meu, sendo que eu fumava crack? Como é que ele quer ficar comigo? Ele é bonitão...". Eu já estava viajando na dele. Então falei que tinha de ir embora, que não podia dormir na casa de ninguém, senão o pessoal do Travessia ia brigar comigo no outro dia, eu precisava dormir na pensão, "tchau! tchau". E fui embora. Quando entrei no ônibus, fiquei com o maior sentimento de culpa: "Bem que eu poderia ter dado uns beijos nele...". Minha cabeça mudou, minha cabeça ficava dizendo "Alexandre, Alexandre, Alexandre". Eu estranhei.

No outro dia eu liguei pra ele, falando que eu estava supermal, que estava pensando em usar droga. Ele perguntou onde eu estava e eu falei que no centro da cidade. Ele disse: "Vem aqui pra casa". Eu falei: "Não, não posso. Eu tenho lição de casa". "Que lição?" Eu fui contando que era de ciências, que eu estava na 3ª série do ensino fundamental (*atual 4º ano*). Ele falou que estava no 1º ano do ensino médio, que sabia tudo sobre a lição que eu tinha de fazer. "Vem aqui que eu te ensino", ele disse. Eu fui lá... e daí aconteceu.

Eu fiquei com vergonha. Nunca tinha ficado nua na frente de um cara. Eu pedi pra apagar a luz e ele disse: "Quero ver o seu corpo". E a música do Renato Russo, de novo, tocando. E eu com vergonha. Então eu expliquei que já tinha sido estuprada, que eu tinha medo. Ele me respeitou, numa boa. No terceiro encontro depois desse, eu me apaixonei. Fiquei um bom tempo gostando dele, até que deixamos de ficar juntos. Depois de dois anos sem conversar com ele, agora a gente está se falando.

    Depois que saí com o Alê, comecei a passar batom, uma coisa que eu nunca tinha feito na minha vida. E achei bonito. Fui no cabeleireiro, enrolei meu cabelo, ficou legal. Mas eu continuava com vergonha da minha bunda, então eu usava uma calça larga e uma miniblusa. Depois comecei a colocar brincos grandes, comecei a me gostar, comecei a me olhar no espelho. Depois que me apaixonei por ele, eu não olhava mais pra nenhuma mulher, porque eu gostava dele.

    Sofri pra caramba por causa do Alexandre. O Rafik, meu terapeuta, me ajudava. Eu tinha medo de encontrar o Alexandre com outra. Então fiquei com outros caras. Eu não gostava deles, mas dava umas namoradinhas. Depois de dois anos, esqueci o Alê, fiquei com um jogador de futebol, com outro cara que era advogado e outro que era assaltante de banco.

    Quando saí da rua, fiquei imaginando que não ia ficar com ninguém. Eu não queria ficar com ninguém. Achava tudo um horror. Com mulher eu achava uma droga, mas, depois do Alexandre, eu entendi mais ainda que aquele negócio de eu me vestir de homem era muito por proteção. O Alexandre foi essa fonte. Foi até bom eu me apaixonar por ele.

    Se com ele eu tive medo, achando que ele não ia querer ficar comigo porque eu já tinha sido de rua, hoje, quando tenho namorado, eu falo: "Minha realidade é essa. Eu fui isso, eu fui aquilo outro. Se quiser ficar comigo, fica, se não quiser, não fica. Se quiser ficar comigo, você vai ter que me aceitar do jeito que eu sou". Não que eu fique expondo minha vida pra todo mundo, mas eu falo, porque hoje, depois do Alexandre, comecei a resgatar a minha autoestima, comecei a ter sensações, comecei a ter sentimentos novos. Comecei a descobrir o meu corpo, a descobrir o que eu queria e quem eu sou. Comecei a me libertar. Eu era presa dentro do meu ego, era escrava de mim mesma, eu mesma me chicoteava. Mas, depois que eu transei com o Alexandre e fiquei apaixonada, eu me arrumava, cada dia me descobria de um jeito. Comecei a sentir prazer pela vida.

**10   COM TETO**

Eu continuava morando na mesma pensão. Aquilo era um lixo: o quarto fedia à carniça, tinha um colchão horrível, a cozinha era cheia de baratas. Parecia uma casa abandonada. O banheiro era horrível, cheio de bichos. Não tinha como guardar nada na geladeira. Era em Santana, mas mesmo assim eu sempre agradecia a Deus, e pensava: "É o momento, é uma fase que eu estou passando. Tá bom, amanhã vai ser melhor. Eu vou conseguir, o pior já passou. Agora é consequência, agora dá pra eu resolver e encarar os problemas de frente. Hoje eu estou melhor, porque quando eu estava dormindo na rua era pior". E eu pensava mais: "Essa pensão não é do jeito que eu quero, mas tenho um plano de alugar uma casinha. Vou seguir em frente, minha realidade hoje é essa". Eu continuei batalhando, curtindo os meus amigos. Comecei a ouvir conselhos das pessoas, no Travessia e no curso de guia turístico. Lá eu estava pesquisando sobre a história do centro da cidade de São Paulo.

Eu estava trabalhando no ateliê, mas pintavam umas inseguranças. Eu estava até pensando em abrir mão de tudo, e comecei a me sentir inferior a todo mundo. Eu achava que os meninos não ficavam comigo porque eu tinha cicatriz na perna, porque as outras eram mais gostosas do que eu. Comecei a me achar um lixo. Os caras mexiam comigo na rua, me chamavam de gostosa, saradona, e eu achava que estavam tirando um sarro da minha cara.

## Ateliê e tentação

O dono do ateliê era um cara superlegal, mas tinha um problema ali: o pessoal dava um "dois", eles fumavam. A Gisele vivia me falando e me ligando: "Será que você vai conseguir trabalhar aí? Como é que você está? Como você está lidando? Você acha que é o momento de sair daí? Se está te fazendo mal, abre mão, entendeu?". O pessoal do ateliê era gente fina, mas quando eles davam um "dois", Nossa Senhora, eu ficava morrendo de inveja. Ou eu brigava ou eu ficava com inveja, pensando: "É um bando de maconheiros filhos da mãe".

Eu tinha a maior vontade de fumar, a maior inveja, aquele cheirão... Mas falava pra mim: "Eu não posso usar. Se eu fumar maconha, daqui a pouco estou fumando pedra". Eu ia direto pra reunião de apoio e contava os meus problemas. Às vezes eu chorava. Às vezes eu me trancava no banheiro e chorava muito tempo, com vontade de usar. Mas não usava. Eu sabia que tinha que matar o leão daquele dia.

Eu trabalhava na Vila Madalena, fazia curso na Avenida Tiradentes, estudava na Cachoeirinha, na Zona Norte. Era um lugar diferente do outro. Eu pagava aluguel, tinha que levar comida e marmita. O Quixote estava bancando uma cesta básica, o Travessia estava me ajudando com passe pra eu ir pra escola. O passe pra trabalhar eu é que bancava.

Quando estava fazendo um trabalho de reportagem para o Novolhar, em 1999, fui em uma apresentação sobre o Projeto Travessia. Alguns meninos estavam recebendo prêmios por causa de um concurso. Quem estava entregando os prêmios era o Alex Zornig, diretor do Travessia e vice-presidente do Bank Boston. Eu nem imaginava quem era, mas cheguei nele e acabei dizendo que o Novolhar tinha um programa feito por jovens e precisava de patrocínio. Ele me deu o cartão, disse pra eu ligar.

Peguei o cartão do Alex Zornig e fui embora. Tinha acabado a festa. Eu pensei que nem ia ligar pra ele: "Vou ligar pro cara e ele vai falar: 'Quem é você pra ligar aqui?'". Eu nem ia ligar. Mas o pessoal incentivou. Um dia eu estava no Travessia, que passei a frequentar só duas vezes por semana, uma das educadoras me chamou, perguntou quem era

**CIDADE-ESCOLA APRENDIZ —** associação sem fins lucrativos que mantém programas complementares à escola, no campo da comunicação e das novas tecnologias, para estudantes de escolas públicas e particulares. O objetivo é agregar valores como cidadania e protagonismo juvenil.

um tal de Alex. Disse que ele e a secretária estavam ligando, me procurando, queriam saber o número do telefone da pensão em que eu estava. Disseram que o Bank Boston era parceiro da Cidade-Escola Aprendiz, que a auxiliar de oficina tinha ido embora e eu podia trabalhar no lugar dela. O Alex falou que tinha gostado de mim, que fazia uma semana que estava ligando. A educadora continuou: "Como a gente não pode dar seu endereço, achamos mais conveniente conversar com você primeiro". No outro dia mesmo eu procurei o Alex Zornig.

No ateliê eu particularmente me considerava uma ótima funcionária. Eu fazia limpeza, tinha que levar todos os dias as joias pra limpar e polir, atender o telefone, e saía muito pra ir no banco. Eu disse pro dono da oficina: "Você me conhece e sabe que eu moro numa pensão. Você sabe da minha vida e eu jamais deixei de explicar pra você. Só que não estou aguentando só ficar trabalhando aqui. Eu me acho competente pra trabalhar em outro lugar. Eu agradeço muito por eu ter conseguido esse serviço". Ele ficou meio mal, começou a negociar: "Então você trabalha aqui e trabalha na casa da minha mulher, assim você ganha mais". Eu falei: "Tudo bem, mas eu quero progredir, quero estudar mais, e lá nesse Aprendiz, que o Alex conhece, acho que é um caminho pra mim". Eu falei que ia trabalhar na Escola da Rua.

**ESCOLA DA RUA —** núcleo de arte-educação da Cidade-Escola Aprendiz. O primeiro projeto é o 100 Muros, que desenvolve uma intervenção urbana através de painéis de mosaico produzidos em oficinas temáticas de arte e cidadania. Crianças e jovens de várias instituições produzem esses ladrilhos.

E de repente, quase do nada, comecei a ter momentos bons na minha vida, momentos marcantes. Comecei a realizar sonhos. Com meu primeiro salário, eu já aluguei minha casa.

Esse negócio da casa e outras coisas eram novidades que me assustavam, mas me davam satisfação e iam me motivando. Eu tinha que deixar

**CÉLIA PECCI** é advogada trabalhista e educadora. Trabalhou na Secretaria do Menor em São Paulo.

### Funções no Aprendiz

"A Esmeralda já passou por diversas funções no Aprendiz. Atualmente, o que ela mais faz é assistência na oficina de pintura de azulejos, como o preparo de tintas e a organização do material. Ela também atende ao telefone e às pessoas que chegam aqui. Participou do programa Português Cidadania, do próprio Aprendiz, e participa de uma das turmas que fazem oficinas aqui, na Escola da Rua. Ela é ainda uma 'aprendiz', como chamamos as crianças e jovens que participam dos nossos programas, e também funcionária."

### Etapa atual

"Ela passou pela primeira fase, pela segunda, e investiu muito na terceira. Agora, já não é mais a Esmeralda atendida por um programa social, a Esmeralda acompanhada por um programa educativo. Agora, é a Esmeralda trabalhadora, sozinha no mundo. Essa é a fase em que ela está agora."

### Drogas e escorregadas

"Qualquer um pode escorregar na vida. É o processo natural das pessoas. Pelo que vejo e leio das coisas mais modernas sobre drogas e álcool, parece que nunca se deve dizer que a pessoa está resolvida. É uma resolução diária, um enfrentamento diário. É mais um dia sem drogas, mais um mês sem o crack, e todos os dias precisam ser comemorados. É como deveria ser a vida de todo mundo.

A Esmeralda tem perspectiva de futuro, mas um presente superdifícil, a realidade de uma menina que recebe um salário para sobreviver, sustentando uma casa. Ela está se mostrando fortíssima."

### Raízes afro

"Existe uma referência que a Esmeralda tem hoje e que é muito boa: o Novolhar, programa da TV PUC com o Quixote. Ela teria que se desligar do programa em dezembro. Esse era o prazo. Ela propôs matéria, fez amizade

> com o Paulo e a mulher dele. Lá, existem alguns adolescentes e ela é uma liderança. É um lugar onde ela é muito feliz.
>
> Talvez ela não queira ser uma produtora, mas é uma experiência concreta, real e feliz para ela. É precipitado pensar. Ela mesma fala em moda, fala em cabeleireiro, que são profissões legais. Ela tem também um apego a essa coisa afro, de sair e buscar a origem. Isso tem muito sentido: ela se sente completamente estrangeira e quer buscar alguma raiz, nem que seja na África."

uma marca de tudo isso num livro. Um livro seria a minha grande marca na vida. Falar sobre as coisas que eu passei, as coisas que eu ia conquistando, que eu conquistei.

Eu sempre fui uma pessoa extrovertida, sempre batalhei para os problemas não ficarem me atacando, sempre tentei ser mais forte, tanto que quando eu era pequena, na minha casa, eu era como sou agora. Hoje, o que me traz felicidade é eu estar viva, com saúde, conquistando as coisas, trabalhando. Antigamente eu tinha dinheiro na mão, mas, na mesma hora que vinha, ia embora. Hoje não. O que eu ganho até dá pro mês inteiro. Quando comecei a morar na minha casa atual, estava meio difícil. Tinha que comprar móveis, tantas coisas. Às vezes não sobrava nada, mas mesmo assim eu não ficava mal por estar dura, eu não ficava mal por causa de nada.

**11   POR QUE NÃO DANCEI**

Na minha nova casa, mesmo que eu quisesse não poderia entrar metade daquelas pessoas que passaram pela minha vida, que viveram no mesmo ambiente que eu, que usavam drogas, que furtavam, porque metade deve ter morrido ou está presa, a outra metade deve estar usando drogas.

A Pizinha, minha grande amiga de rua, de Febem, de todos os lugares, ainda está presa. Quando decidi abrir mão da rua, tive que abrir mão da Pizinha, tive que abrir mão dos meus outros amigos. Foi uma grande mudança, foram as piores perdas que eu tive na minha vida. Meu mundo tinha acabado. Eu achava que todo mundo era feliz, menos eu. Tive que abrir mão dos amigos, do lugar onde eu tinha passado minha vida toda e da droga que eu sempre gostei. Eu posso dizer isso porque hoje eu não uso mais.

Eu me lembro: eu queria sair da rua e tinha um sonho, que hoje está realizado. Eu tinha muita vontade de sair daquela vida, mas achava que não tinha condições de mudar, porque a droga tinha me dominado.

Eu sempre fui rebelde e não aceitava a situação que vivia na casa da minha mãe e na rua. Em casa eu tinha sido estuprada, minha mãe era alcoolizada. A Febem era um campo minado, eu era maltratada. A Febem zoa pra caramba, deixa você psicologicamente e fisicamente detonado. Depois mandam a gente pra um lugar totalmente rígido, como o orfanato. Eu nunca tinha comido numa mesa de garfo e faca. Se eu não comesse direito, deixasse cair alguma coisa no chão, eles colocavam a galinha pra comer com a gente. Eles tinham umas regras muito rígidas. Nesses ambientes todos por onde andei, não me respeitavam, não correspondiam às minhas expectativas e eu não me sentia integrada. Na rua, sim, eu achava que na rua eles me davam mais valor. Eu achava que a rua poderia ser minha liberdade. Ali eu poderia ser responsável pelos meus próprios atos. Mas descobri a droga e novamente a pressão, o desrespeito, a violência.

Sempre fui uma pessoa decidida, e naquela época eu tive que decidir ficar na rua mesmo. Era ruim, mas também era bom. Pelo menos ali eu sabia onde estava, o que eu ia passar, não tinha ninguém no meu pé. Eu ficava um dia ou um mês na rua e voltava pra Febem de novo. Depois fugia. Ia e fugia, porque não aguentava a prisão, tanto é que quando vou visitar o meu irmão no Carandiru, não fico lá até o final, porque eu me sinto presa. Eu vejo um monte de polícia lá em cima, com revólver, aquele muro enorme, então eu falo: "O quê? Vou embora daqui, senão eles vão me prender".

## Razão de escrever

Faz alguns meses que estou fazendo o livro, com várias pessoas me acompanhando, me ajudando. Devagar vou desvendando o mistério: será que foi Deus que me ajudou a não dançar? Será que foi a sorte? Eu tive Deus, eu sempre fui persistente, mas, vendo minha vida hoje, fico ainda nesta dúvida: será que fui eu que fiz isso? Eu fico pensando por que razão eu não morri com as drogas, por que sobrevivi, por que consegui vencer. Muitas coisas aconteceram na minha vida, eu vi muita gente morrendo, e eu ali, no meio da guerra. Se você está no meio da guerra e todo mundo morre, mas você não, você não tenta encontrar uma explicação. A única explicação que você tem pra isso é o quê? Será Deus? Deus sempre esteve presente na minha vida, eu acredito nele. Apesar de não frequentar religião nenhuma, eu sempre tive fé em Deus.

Mas fui procurar forças dentro de mim e também encontrei pessoas que puderam me dar um apoio. Sozinha eu não conseguiria. Penso que foi por Deus, que foi por sorte, e também sei que o maior motivo foi a minha força de vontade. Muitas vezes eu tentei, mas não dava certo, porque ia por caminhos errados. Mas eu tive alguns momentos certos: o Circo-Escola, o Clube da Mooca, aqueles pastores que iam na Praça da Sé, o Travessia, o PCR, o Quixote, e agora o Aprendiz, a Escola da Rua. Eu tenho aulas de português, tenho a escola e a TV PUC. Acho que é um bom caminho. Vou ao grupo de apoio todos os sábados e domingos, e também quando não tenho aula. Lá encontro pessoas que viveram a mesma loucura que eu e agora estão tendo uma nova maneira de viver, sem a droga.

Eu fico me lembrando: eu tinha persistência e tinha a música. Eu gostava muito de samba, comecei do nada a escrever letras de pagode, as pessoas aplaudiam o que eu estava fazendo, então eu pensava: "Vou persistir nessa coisa, porque está legal!". Escrever pagode e poesia pra mim era liberdade de expressão de sentimentos, porque eu não conseguia falar pra ninguém o que eu sentia, eu queria me comunicar através da melodia, a música rompia uma solidão. Nunca, antes deste livro, eu tinha me aberto pra ninguém. Agora estou superaberta e estou até me estranhando.

Acho que antes eu tinha medo de falar e mostrar as minhas poesias porque tinha vergonha, talvez sentimento de inferioridade. Se eu estivesse mal por causa do meu passado, por exemplo, tinha medo de chegar em alguém e falar. A pessoa poderia rir na minha cara.

Mas hoje este é um livro para mostrar como está sendo minha realidade. Eu penso em fazer uma faculdade, em fazer antropologia, estudar tudo sobre o Brasil, sobre a cultura afro. Penso em TV, eu me interesso por comunicação. Eu comecei a gostar de antropologia através do meu trabalho na TV. As minhas matérias eram todas sobre cultura afro, sobre exclusão social. Eu pesquisava sobre esses assuntos e achava muito interessante, eu me identificava, porque vivi nesse meio, sofri preconceito, a exclusão. Eu fui menor de rua.

Agora estou também aprendendo um pouco a trabalhar com site, no Aprendiz, tudo isso pra me comunicar melhor e pra saber mais sobre comunicação. Eu falo em público, isso não é difícil pra mim. Mas muitas coisas no começo são difíceis de entender, como o Programa Português Cidadania, do Aprendiz. Nós fazemos leitura crítica de revistas e jornais e escrevemos para publicar um fanzine. A gente ia aprendendo português assim, mas no começo eu estava boiando. No final caiu a ficha e entendi o que eu estava aprendendo. Só sei que o que me estimula agora é aprender. E este livro é o meu sonho de comunicação.

## Perdoar a mãe

Eu estava lendo os meus prontuários, os registros das minhas internações, e voltei ao meu passado lendo aquelas coisas que o juiz assinou. Fui percebendo também as insanidades que eu fazia. Eu fico pensando e hoje falo que perdoei a minha mãe, não tenho mais raiva dela. Antigamente eu era muito rebelde, não gostava da minha mãe nem ferrando. Hoje não tenho amor por ela, mas também não tenho nada contra ela. Aquele ódio que eu tinha, aquela raiva, tudo isso foi embora. Porque tive que perdoar o meu passado pra me perdoar. Tive que perdoar o meu passado e as pessoas que fizeram parte dele, senão eu ia ficar com culpa, com raiva, com ressentimento de muitas coisas.

Eu era presa dentro de mim, eu me sentia numa prisão por causa desses sentimentos de raiva. Eles me deixavam rebelde, agressiva, com medo. Eu culpava todo mundo, só eu era a boazinha, mas entendi que também cometi muitas insanidades lá atrás. Prejudiquei muitas pessoas. Às vezes passo na rua e vejo as pessoas que eu já roubei, que já maltratei. Não tenho vergonha. Olho nos olhos delas e peço desculpas. Eu falo: "Oh, foi num momento que eu estava na rua, eu estava insana, você me desculpa!".

Eu acho superlegal cada vez que vou me perdoando e perdoando as pessoas. Vão vindo coisas novas dentro de mim, novos sentimentos, emoções e sensações. Por isso que hoje eu estou aqui, assim. Não foi só minha mãe que errou. Eu sempre julguei minha mãe ao extremo, ela era da pá virada. Se antes me perguntassem dela, eu ia até agredir a pessoa. E eu me lembro também do meu irmão sempre me ajudando, falando que minha mãe não tinha culpa porque era alcoólatra.

De um jeito ou de outro, eu fazia minha mãe sofrer também, porque ela era minha mãe, era mãe e pai. Ela era negra, cabelo igual ao meu, da altura do meu e crespo. O nariz era igual ao meu, grandão, os olhos eram fundos. Ela era muito magra, com mais ou menos 1,60 metro, banguela, não tinha os dentes da frente por causa de porrada do meu padrasto. O rosto dela era muito triste, tinha alguns cabelos grisalhos. Ela morreu com 45 anos, eu acho. Ela era bonita.

Meu pai era um negro alto, devia ter 1,85 metro. Era muito magro e narigudo também. Tinha os lábios grandes, os olhos esbugalhados. Meu pai era pai de dois filhos da minha tia, irmã da minha mãe. Então eu tenho irmãos por parte de pai que são meus primos por parte de mãe.

Hoje, sei que perdoei meu passado e me perdoei. Hoje eu me aceito do jeito que eu sou. Não preciso fazer ninguém gostar de mim. Também não preciso gostar de ninguém, mas preciso aceitar as coisas, porque hoje sou responsável por mim, por tudo que eu faço, e é superlegal carregar essa responsabilidade nas costas.

## Se eu morrer hoje

Se eu morrer hoje, vou morrer feliz, porque consegui alcançar uma meta e não foi fácil. Às vezes fico me remoendo, me dá uma vontade horrível de usar droga. Tem vezes que eu falo: "Nossa, não vou conseguir, não vou conseguir", porque a vontade vem ao extremo. Então tenho que matar um leão por dia pra poder ficar limpa, pra não usar. Agora está ficando diferente. A vontade é bem menor. Estou há quase três anos sem usar droga. Ontem veio uma vontade de usar droga, comecei a ficar a mil. Cheguei na minha amiga da escola e falei: "Meu, vamos embora pra minha casa comigo, vamos lá, vamos lá". Eu não falei pra ela que eu estava com vontade, mas ela foi pra casa comigo.

Perto de casa os meninos estavam cantando pagode. Eu fiquei com eles e a vontade passou. Mas se naqueles cinco segundos eu fizer a minha vontade, o mundo vira de ponta-cabeça, porque, ao mesmo tempo que estou colocando um bloquinho depois de outro bloquinho pra construir, em cinco segundos posso virar o mundo de cabeça pra baixo. É só eu dar a primeira tragada. E não quero isso pra mim. Mas isso já não é mais um problema grande. Eu sei como resolver.

Muitas pessoas não conseguem parar de usar droga porque não conseguem encarar a realidade como ela é, não conseguem encarar a dor de ficar sem usar droga, o vazio. Ficam com medo das coisas novas. Então acho que elas pensam: "É melhor usar droga, porque usando droga as coisas ficam muito mais fáceis". Mas depois, quando acaba a droga e chega a manhã, os passarinhos estão cantando e não tem mais ninguém, a pessoa volta para o seu eu e vê todos os estragos que fez. Eu mesma vejo os estragos que fiz atrás, então vem uma dor enorme, maior do que era.

Minha vida está tão boa hoje, que pode morrer o presidente, podem cortar a minha mão, mas não volto a usar droga. Isso não faz mais parte da minha vida. Hoje vejo o pessoal usando droga, eles ainda podem. Eu não posso mais, porque sei até aonde fui, até onde cavei o meu poço. Não sei se a chama da vela está na pólvora. A vela você acende quando vai usando droga, ela vai queimando, você para, ela para. Agora, se tem fogo no pavio, eu nem quero testar, está bom assim.

Eu acredito que a maior riqueza para o ser humano é ter sentimentos, ter prazer na relação sexual, ter sensações. Tudo isso que a droga vai tirando, principalmente o crack. Quando a pessoa usa crack, perde o afeto. Tem menino que mata a mãe, mata o pai, e não está nem aí.

A terapia me fez entender muita coisa e me ajudou a aprender a viver. Quando saí da rua e fui direto para o Quixote, fazer terapia era uma coisa estranha, mas eu fui tendo mais noção sobre minha mãe, eu falava muito sobre ela. Então fui perdoando minha mãe pra poder me perdoar. E pra perdoar o meu passado eu tinha que perdoar tudo e aprender a usar a humildade. Tive que trabalhar essa coisa de ter sentimentos, porque eu não tinha sentimentos quando saí da rua, nem por mim. Eu não gostava de mim, não gostava das pessoas. Qualquer um mais bem-arrumado que eu via, eu já achava que era o maior playboy. Eu não gostava de ninguém, achava que todo mundo era culpado pelo meu fracasso.

O tratamento que eu recebia do pessoal do Quixote e do Travessia me atraía, era diferente da Febem. Eles paravam, conversavam, perguntavam sobre o que eu gostava de fazer, me incentivavam naquilo que eu gostava. Eles começaram a me levar a lugares diferentes, a museus, e me ensinaram a pensar sobre cidadania. Na Casa de Passagem tinha uma educadora chamada Dagmar e outra chamada Beth. Elas sempre liam as minhas poesias, gostavam e me incentivavam. Minhas poesias eram sobre sentimentos, sobre amor.

Na rua, quando eu estava fumando pedra, eu parava com o cachimbo na mão e ficava escrevendo poesia. Eu ia toda sujinha na livraria comprar caderno. Às vezes as pessoas davam risada na minha cara: "Onde é que uma menina suja desse jeito vai com o caderno?". Mas eu comprava. Esses cadernos eu acho que perdi na rua ou ainda podem estar com uma amiga.

A Dagmar e a Beth falavam que ia ser legal eu escrever e mostrar minha poesia. Então eu mostrei no Quixote e o pessoal gostou. Na oficina de informática do Quixote, nós fizemos uma publicação chamada *Expressões poéticas*. As pessoas leram e gostaram. O pessoal falava que eu escrevia muito bem, me dava o maior apoio, mas isso daí ficava em vão na minha cabeça.

No Travessia e no Quixote tinha palestra sobre dependência química, sobre obsessão, sobre luto, sobre perda, porque esses são sentimentos de quando a gente para com a droga.

Agora eu entendo que, quando eu não tinha afeto, não tomava mais banho, não me alimentava, era por causa da baixa estima. Eu não me gostava, mas agora eu me amo. As pessoas me ajudaram a resgatar a minha autoestima, e essa autoestima mostra a confiança que eu tenho em mim mesma. Essa confiança me leva a me recuperar. Fazer este livro se encaixa na ideia de que estou preparada pra falar sobre a minha vida.

Agora estou voltando ao meu passado. A gente tem que ter pelo menos um pouco de estrutura emocional pra voltar ao passado, porque é bom pensar sobre o passado, lembrar das coisas, mas no momento mesmo em que a gente está vivenciando, é ruim.

## Sociedade

Hoje fiquei "filosofando", escolhi vários assuntos e escrevi sobre eles. Também fico pensando sobre a sociedade. O que é a sociedade?

A sociedade no geral exclui. Na verdade, eu não acho que eu estou fora dela agora. Agora estou enxergando a realidade. É um mundo de egoísmo, de ambição, e eu estou no meio disso. Tudo tem um lado bom e um lado ruim. Eu estou numa vida nova dentro da sociedade, estou aprendendo a conviver, a ser responsável por tudo que faço e até pelo que não faço.

A sociedade no geral exclui as pessoas, é muito cheia de preconceitos. Eu já via isso quando era criança e escutava: "Não encosta nela porque ela é trombadinha". Ou quando atravessavam a rua, com medo de mim porque eu era trombadinha. Além disso, tinha o preconceito racial. Porque eu sou negra, mulher e pobre. Eu sofri muito com essa discriminação.

## Políticos

Os políticos não fizeram porra nenhuma por mim. Eles atrasaram a minha vida. Abriam uma instituição, iam na Sé, passavam a mão na minha cabeça, mandavam um caminhão pra levar a gente pra essa instituição e depois de mais ou menos quatro meses a instituição fechava e mandavam a gente pra rua. Tinha criança que estava na escola, outras que estavam trabalhando e que dependiam dessa instituição pra dormir. Mas ela era fechada.

Todos os meses, na Sé, ia alguém e falava: "Olha, nós abrimos um projeto. Agora nós vamos trabalhar, dar comida". Na primeira semana era um paraíso, mas já na segunda semana virava um horror: faltava água quente, pasta de dentes, sabonete, recursos médicos, não tinha coberta pra dormir e nem o salário dos funcionários vinha direito. Isso quer dizer que o governo não fazia nada de verdade. Mas eles têm que fazer. As pessoas pagam imposto pra quê?

Quando o Travessia ia atrás de mim, eu podia estar na noia ou não, eu xingava eles: "Vocês não vão dar coberta, não vão dar comida, não vão dar porra nenhuma, então o que é que vocês vieram fazer?". Nenhum programa me dava segurança de que eu pudesse ir e ficar. O governo no geral só quer mamar na teta da vaca. Então eu era insegura, não confiava em ninguém. Eu sabia que eles não faziam, então preferia ficar na Sé, na rua mesmo.

Às vezes o governo mandava pro bequinho um caminhão de arrastão. Ele saía recolhendo todo mundo, depois ficava um monte de crianças e jovens em fileira. Eles pegavam a gente e deixavam o dia inteiro, das sete da manhã às oito da noite, sem comer, sem ir ao banheiro, e apanhando. A gente acordava apanhando e ficava lá apanhando. Isso era para o governo falar: "Olha, aqui no centro não tem mais trombadinha". Davam oito horas da noite, eles mandavam liberar todo mundo. Era a maior sacanagem, era cobra engolindo cobra.

Eu nunca votei em ninguém. Acho que votando a gente pode ajudar, mas acontece que dos que estão lá se elegendo a metade são ladrões. É preciso colocar outras pessoas lá, tirar aquela banda podre de lá. De política eu não entendo nada, mas sei que muitos e muitos são corruptos, pilantras e não prestam.

## Pobreza

Eu era muito pobre. Pra mim pobreza sempre foi uma coisa normal, mas, quando comecei a entender a realidade, vi que ser pobre não devia ser normal. Falar disso dói. Quando eu catava ferro-velho, acordava de manhã e ia pedir pão duro, pele de galinha e gordura no açougue. Pegava capim-cidreira e fazia chá pra tomar de manhã. Pegava legumes estragados, mas graças a Deus nunca tive doença. Pão com mortadela pra mim era luxo. Eu achava que era só para quem era rico. Na rua eu comia de tudo. Tinha dia que passava fome, mas, quando tinha um dinheirinho, eu comprava o que queria.

A pobreza sempre esteve presente na minha vida, e eu aprendi muita coisa com ela. Por mais sofrimento que passei, aprendi a ser simples, a não ser materialista. Deus foi tão bom para mim. As lições que eu tenho eu aprendi na pobreza. Aprendi que pobre pra mim é aquele que deseja muito.

## Criança de rua

Fico muito mal quando penso em criança de rua. A sensação é de muita tristeza. Fico comparando como estou bem e como eles precisam

Estação Júlio Prestes

de apoio e me chateio, porque eles precisam mesmo de apoio. Duas sensações eu tenho: tristeza e alegria, porque eu consegui.

Acho que, se tiverem oportunidade, essas crianças saem da rua, porque desejo todas têm. Mas a gente não vive só de desejo, apesar de ele ser primordial. Oportunidade é a sociedade como um todo deixar de ser mesquinha e ver que tem gente que precisa de escola e família. As crianças de rua não têm isso. Quando saem pra rua, elas têm incentivo pra roubar, matar e praticar a violência. Pra sair dela, precisam de incentivo e oportunidade para praticarem coisas boas.

Não dá pra falar que educação e família é a realidade dos meus amigos que ainda continuam na rua. Eu sou a favor dos meninos que usam drogas. Não que eu dê apoio, mas a criança precisa de coberta e não tem, precisa de comida e tem que batalhar o tempo todo pra não passar fome. É mais fácil cheirar cola num saquinho do que ver gente jogando comida fora e sofrer injustiças.

Eu até penso em ajudar esses meus amigos que ainda estão na rua. Mas agora eu me coloco no lugar de quem está sendo ajudado. Eu tento absorver tudo o que estão fazendo comigo e estudar, pra investir em mim, pra depois, quando estiver preparada, poder ajudar. Eu não posso ficar cega para o outro enxergar. Não estou preparada para viver no meio deles, pra ajudar. Eles são minha família. Na verdade, são eles que dividiram "marmitex" e cobertor comigo.

Na rua eu tive momentos de tristeza e felicidade, dor e angústias, sempre lado a lado. Fico triste em saber que "minha família" está morrendo, porque na verdade são eles minha família. Tudo que eu gosto rola no meio deles. Rola droga, mentira, sexo, e eu adoro fumar pedra, mas a minha realidade agora é outra. Pra mim, fumar pedra é bom, senão nenhum louco iria colocar na boca, mas as cobranças são grandes, assim como as consequências. Eu já senti isso na pele, então não vale a pena. Pra mim já era, bastou! Sinto que, se eu voltar a frequentar o mesmo lugar sem estar preparada, vou voltar aos velhos hábitos. Eu posso até ir na intenção de ajudar, mas sair prejudicada, porque não estou preparada.

Eu mudei de vida, mas não é porque estou escrevendo sobre minha vida que superei tudo. Viver neste mundo dá várias frustrações. Você trabalha com uma criança, você vai pra cidade e ela está presa, roubou, usou droga. Tenho que aprender a lidar com essas frustrações.

## Escola

Agora dei uma paradinha de escrever letras de pagode. Minha cabeça está tão longe, não consigo me concentrar no pagode. A escola é outra coisa que me faz ficar pensando: "Eu sei que não sou burra, mas por que eu não entendo nada na minha escola?". Isso me dá raiva. Eu já fiz todas as provas, mas não fui bem.

Eu não sei nada do que eles ensinaram. Se me perguntam alguma coisa de matemática, eu não sei. Será que é porque o meu professor me dava porcentagem e estimativa e agora eles estão dando função e gráficos? Química, então, que horror. Física eu não sei nada. Se alguém me pergunta alguma coisa, eu não sei nada, nada. Mas eu não falto, vou todos os dias pra escola. Meu caderno está em dia, eu copio tudo, presto atenção. Está certo, eu converso com os meus amigos da escola, não tem como ficar sem conversar, eu sou uma matraca. Mas não sei nada direito. Não sei. Será que é alguma sequela? Em biologia, meu professor ensina tão bem, tão bem. Eu perguntei pra minha diretora, para os professores, o que eles achavam. E fico pensando mais: "Será que um dia vou conseguir passar no vestibular?".

Estou no 1º ano do ensino médio e também tenho a minha culpa, porque não estudo em casa, não tenho muito tempo. Mas será que eu sou burra? Ou será que é muito curso que eu estou fazendo e quando chega a noite a minha cabeça fica zumbizando? Em história do Brasil, minha professora fala do Pedro Álvares Cabral, do descobrimento do Brasil. Não sai disso, desde o primeiro bimestre ela só dá aula disso.

## Escrever um livro

Fazia muito tempo que eu tinha vontade de escrever um livro sobre a minha vida. Eu tinha uma espécie de preguiça. A vontade vinha na minha cabeça, várias vezes eu começava a escrever, mas não sabia como escrever um livro, a estrutura, eu nunca tinha conversado com ninguém sobre como se faz. Na Casa de Passagem tinha uma educadora que me propôs escrever um livro, mas a coisa ficou no vácuo. Eu disse pra ela: "Vamos deixar isso daí mais pra frente, quando eu tiver mais uma oportunidade, porque não sei como escrever um livro". Eu achava que escrever um livro não era nem do jeito que eu estava fazendo...

Eu não achava que fosse impossível escrever este livro, mas era uma coisa que eu não projetava na minha cabeça. Às vezes as pessoas falavam que eu não ia conseguir, era difícil, eu ia ter de pagar pra publicar o livro. Então eu pensava: "Vige, deixa eu parar por aqui, acabar com o meu sonho...".

O problema não era a dificuldade de escrever, porque eu gosto de escrever, mas eu precisava ser motivada. Quando comecei a escrever, percebi que isso estava me ajudando a organizar na minha cabeça tudo que tinha acontecido na minha vida. Comecei a voltar ao meu passado e a sentir como se estivesse fazendo uma regressão. Mas tem dia que não fico legal de me lembrar de tudo que aconteceu. A gente tem que ter o psicológico muito bem, porque mexer com o sentimento é uma coisa muito séria.

Fazer o livro está sendo fazer um acerto na minha vida e é um impacto muito forte. Tem que ter estrutura. Ainda mais depois, quando as pessoas lerem. Eu fico pensando: "Será que os meus amigos vão continuar a ser meus amigos? Será que os meus amigos entendem o jeito que eu sou? Será que um cara depois de ler o meu livro vai querer namorar comigo? Será que não vai?". Depois vem o outro lado, da razão, que diz que, se esse cara tiver que ficar comigo, se tiver que ser meu namorado, se tiver que ser meu amigo, vai ter que me aceitar do jeito que eu sou. Minha realidade foi essa e não vou ficar passando uma imagem do que não sou.

Não pode ter falsidade. Se as pessoas quiserem me aceitar, vão me aceitar do jeito que eu sou. Tanto é que antigamente eu tinha medo de andar de saia curta, tinha medo do cara que eu gostava. Eu ficava pensando: "Será que ele vai querer ficar comigo? Eu já roubei, eu já fiz aquilo e aquilo outro...". Um dia eu parei pra falar com ele e sei que ele já fez pior. Então tenho que me aceitar do jeito que eu sou. Eu não fico falando pra todo mundo que eu fui de rua, mas, quando estou namorando sério um cara, tenho que falar: "Minha realidade é esta.

Eu já fiz isso e isso. Se você quiser ficar comigo, vai ter que me aceitar assim". Se não quiser, tem outros que querem. A minha realidade é esta agora, eu não tenho culpa. Os erros que fiz eu tenho comigo, mas não sinto culpa por ter entrado nessa vida, por ter uma família daquele jeito. Deste jeito eu estou entendendo melhor a minha vida.

Com este trabalho de escrever, as coisas pra mim ficaram mais amplas, mais organizadas, mas ainda tenho que buscar muitas respostas. Estou escrevendo e logo vou esquecendo do que falei, do que escrevi. Eu viro as costas e esqueço. Mas depois vou parar e ler tudo o que eu falei, tudo que eu vi, tudo que eu vivi. Vai ser outra coisa, outra sensação, porque vou estar identificando. Eu sei que vai ser assim, porque uma vez eu estava dando risada sozinha, o Fernando Rossetti, que é jornalista e coordenador-geral do Aprendiz, chegou e perguntou: "O que é que está acontecendo?". Eu falei: "Nada! Eu estou lendo uns negócios aqui e estou me identificando". Era o livro.

O livro era um recado que eu tinha pra dar, como um dia o recado foi pelo pagode, pela poesia. Se hoje eu morrer, vou morrer satisfeita, feliz. Às vezes eu penso: "E se eu tomo uma bala perdida na cabeça e morro?". Acho que não vou morrer do jeito que eu pensava antes. Vou morrer feliz porque consegui concluir uma meta, consegui chegar numa coisa, consegui vencer.

Eu penso que vou começar uma vida nova. E fico pensando nos meus vizinhos comprando este livro. Eu não tenho muita intimidade com os meus vizinhos, eu só converso um pouco com as meninas da minha rua. Alguns vizinhos, quando me veem, ficam na porta da casa deles, ficam na janela, parados. Fica aquele negócio de avisar pra Maria do lado, e eles falando, falando e olhando pra minha cara. Às vezes eu nem ligo. Eles não sabem da minha vida, eles não sabem de nada. Eles tentam descobrir por que não converso muito com eles. Só agora estou começando a me abrir. Quando eles descobrirem, como será que vai ser?

Com o livro, eu me sinto mais limpa, agora. Uma coisa que mexeu muito comigo foi lembrar da minha primeira cartilha, de quando eu fui pedir pra um homem comprar pra mim. Eu tive que implorar pra ele. Essas coisas mexem, mas é bom, porque vou me livrando.

O livro me fez ver de onde eu vim e, se eu voltar a usar droga, pra onde eu volto. Indo pra casa onde morava minha mãe, eu vi que o que me levou pra rua não foi a pobreza. Eu até gosto de ser pobre, acho o maior barato. O que me levou pra rua foi não conseguir tolerar a violência da minha casa.

As pessoas que aparecem neste livro e falaram sobre mim me ensinaram que eu era uma pessoa inteligente, com força de vontade e criativa. Algumas me ensinaram como ficar lá pra baixo e outras como subir. Por isso, quando eu volto pra Sé, não me dá vontade de usar droga. Não é que eu tenha domínio sobre a minha vida, mas sei me controlar.

Fazendo as entrevistas e lendo os depoimentos das pessoas que conviveram e convivem comigo, o que me emocionou muito foi a fala da Lúcia, monitora da Febem. A única coisa que ela não falou foi que ela já bateu em mim. Ela falou que não lembra, mas já bateu. No mais ela falou a verdade. A Febem é quase uma casa minha. Era um mês na rua, um mês na Febem. Quase toda a minha vida foi lá, não tem como não ter uma história ali. O pior é que a Febem era uma porcaria. A boa lembrança de lá, uma das esperanças que eu encontrei, foi eles levarem cantores famosos que ouviram minhas músicas.

Todas as entrevistas me emocionaram. E o Projeto Quixote não é só o Rafik. É o Projeto Quixote como um todo, são os educadores, o Auro, a Betina, a Nice, a Eneida, que dá aula de artes, todos que trabalham lá. O Rafik é uma das ferramentas, mas todos os funcionários que trabalham com a gente são importantes. Tem todo um processo, não é só terapia. Lá a gente faz arte, faz aula de batuque, e tem o Tigrão, professor de capoeira.

Atualmente eu trabalho na Vila Madalena, mas não gosto muito da Vila Madalena porque tudo lá é caro. Uma vez eu tinha só dez reais, eu disse: "Eu não vou gastar, eu vou pro pagode". Então chegou um homem perto da Escola da Rua e falou que custava dez reais pra aprender a fazer aqueles quadros de lã com agulha. Eu fiz e pensei: "Poxa, que legal, vou colocar na minha sala, meu primeiro quadro". Então fui pra o marceneiro fazer a moldura. Ele me disse que eram 15 reais pra colocar uma moldura de 30 centímetros. Eu falei: "Ai, moço". Até menti pra ele, dei o maior escândalo: "Você está pensando que eu moro na Vila

Madalena, que eu sou um desses riquinhos pra quem vocês vendem? Eu moro na Favela do Pó, você está pensando o quê?". Então ele falou: "Ah, então pra você eu faço de graça".

Eu gosto da Escola da Rua, do Aprendiz, que fica na Vila Madalena, mas acho mais legal a Freguesia do Ó, porque é o meu bairro. Lá, os meus amigos ficam me esperando chegar da escola, do serviço também, só pra gente ficar conversando e dando risada. Eu falo muita besteira e está sendo legal, porque eu nunca fui aberta assim, sempre fui meio distante das pessoas. Agora, não. Fico com medo de ir embora de lá, de ter que mudar e deixar meus amigos lá. Porque agora eu tenho um vínculo.

Lá a gente faz vaquinha, compra Coca-Cola, fica bebendo refrigerante e dando risada até uma hora da manhã. A gente faz churrasco também, coisas que eu nunca tinha feito na minha vida. Tudo o que eu queria estou conseguindo, porque eu queria sair da rua. Eu saí quando a Rose foi me buscar e fui morar no orfanato. Então meu desejo era sair do orfanato, viver uma vida independente. Saí de lá, fui morar numa pensão. Então vi que não era muito legal morar na pensão. Era horrível. Mas eu fui perseverante. Meu sonho passou a ser morar com um amigo, numa casa. Fui morar com umas amigas, não deu certo. Meu sonho era poder ficar sozinha. Consegui morar sozinha. Aos poucos eu vou. Não gosto de sonhar muito alto, vou sonhando na medida do possível, o que eu vejo que dá pra ser realizado. Agora estou começando a fazer meu pé-de-meia.

No meio de tantas lembranças e da minha vida agora, continuo acreditando que Deus foi uma parte do meu sucesso, porque às vezes você precisa estar bem espiritualmente pra poder encarar. Uma pessoa que não esteja bem espiritualmente é uma pessoa vazia. Eu acredito nisso, mas não fico discutindo religião nem metodologias, disso eu não entendo nada. Mas eu acredito que quando não estou bem com Deus é sinal que não estou bem comigo.

Agora este livro acabou. Eu não penso nada muito certo sobre a minha vida. Penso em continuar caminhando por aí: estudando, fazendo um curso, vou tentar fazer uma faculdade. Quero mexer nas minhas aflições, porque se um dia eu tiver filhos, e se eles forem pra uma vida como eu fui, não vai ser culpa minha, vai ser culpa deles. Eu vou dar o melhor. Mas eu penso que sou capaz de ter uma família, de ter um filho, de dar o melhor pra ele. E que o que minha mãe não me deu eu posso passar pros meus filhos. Hoje eu não projeto nos outros a figura da mãe, isso porque eu vivo numa realidade diferente. Eu tive uma mãe e hoje sou capaz de arrumar uma pessoa do meu nível e constituir uma nova família. Esse é o meu projeto. Mas por enquanto não é o meu momento. Não quero arrumar um cara para eu ficar no fogão, na pia e cama. Tem cara que fala: "Mulher é boa pra lavar, cozinhar e transar". Não, eu quero crescer. Eu quero fazer uma faculdade, quero estudar, trabalhar. Quando eu estiver bem comigo, quando eu tiver feito tudo que queria fazer, aí, sim, vou ter um filho. Porque se o cara me chutar, vou ter condições de sustentar meu filho. Mas hoje não dá. Meus exemplos são meus amigos que estão na rua, nos projetos: todos têm filhos e nenhum tem pai.

## Não sintam pena de mim

Não quero que as pessoas que estejam lendo este livro fiquem sentindo pena de mim, nem que me vejam como a pior terrorista do mundo. O importante é que elas vejam onde mora o problema.

Uma coisa muito boa também é ser honesta. Isso é legal, porque de vez em quando vem a vontade de roubar. Às vezes do nada vem a vontade. Às vezes eu seguro minha mão e ando assim no meio da rua. É mais no centro da cidade que me dá vontade. Então eu ando segurando minha mão, porque é compulsivo, roubar vira uma doença.

Mas a felicidade pra mim está em pequenas coisas. Felicidade é acordar, agradecer por mais um dia. Eu não peço nada material pra Deus, só peço pra não me deixar usar droga. Ter novos amigos, trabalhar, tudo isso me traz satisfação. O chuveiro, a cama, minha casa, meus amigos, ouvir música. Adoro ouvir música. Tem gente que pensa assim: "Ah, vou ser feliz quando eu tiver a moto do ano, o carro do ano, o homem mais gostoso do mundo, aí eu vou ficar feliz". Então a pessoa consegue tudo isso e passa pro desejo de ter uma nova Ferrari. Eu sou feliz por estar vendo que estou crescendo.

Esta obra foi composta nas fontes Frutiger, Geneva, ITC Garamond, Palatino, Prestige e Swiss 721 e impressa sobre papel off-set 90 g/m², para a Editora SENAC São Paulo.